MARTIN BUCHHOLZ

ALLES
Liebe!

Geschichten & Gedanken
über das Geschenk des Himmels

BRUNNEN
Verlag GmbH · Giessen

Martin Buchholz, geboren 1966, ist Liedermacher und TV-Journalist für ARD, ZDF und arte. Zwei seiner Film-Dokumentationen wurden mit dem Grimmepreis ausgezeichnet. Mit seinen Geschichten mitten aus dem Leben ist der studierte Theologe ein gefragter Referent bei kirchlichen und kulturellen Veranstaltungen. Er ist verheiratet und Vater einer erwachsenen Tochter.

www.martinbuchholz.com

2. Auflage 2019

© 2019 Brunnen Verlag GmbH, Gießen
Lektorat: Petra Hahn-Lütjen
Umschlagmotiv: Shutterstock
Umschlaggestaltung: Daniela Sprenger
Satz: DTP Brunnen
Herstellung: GGP Media GmbH, Pößneck
ISBN 978-3-7655-0708-3
www.brunnen-verlag.de

Vorwort

„Alles Liebe!", sagt Martin Buchholz, und damit meint er mehr als romantische Gefühle: Er entdeckt bei diesem Thema nicht nur Betörendes, sondern auch Verstörendes und Empörendes.

Seine brillanten Bühnenmonologe, Filmgeschichten und Liedtexte, seine Bibelkrimis und berührenden persönlichen Erinnerungen malen uns die menschliche Liebe in allen Facetten aus – so ehrlich, dass wir ihm auch dann gern folgen, wenn er für uns hinter allem die bedingungslose Liebe Gottes aufspürt, für die jedes menschliche Leben einen Goldrand hat.

Manfred Siebald, Liedermacher, Literaturwissenschaftler und Autor (u.a. *Pitti lächelt und andere Geschichten*)

1 Alles Liebe!

Wann haben Sie das letzte Mal einem Menschen „alles Liebe!" gewünscht? Oder ist Ihnen dieser Gruß zu abgenutzt, schnulzig und sentimental?

Falls ja, liegt das vielleicht daran, dass kaum ein anderes Wort in unserer Sprache so inflationär für alles Mögliche herhalten muss wie die „Liebe". Oder liegt gerade das in der Natur der Sache? Weil wir alle uns nach Liebe sehnen. Weil kein Mensch ohne Liebe leben kann. Weil alles, was unser Leben entscheidend beeinflusst, mit Liebe zu tun hat.

Jede, jeder von uns hat eigene Bilder davon, was Liebe ist. Wir erfahren, was sie kraftvoll bewirken kann. Doch beweisen können wir sie nicht. Wenn Biologen und Hirnforscher mit Experimenten belegen wollen, dass die „Liebe" nicht mehr sei als ein halbwegs zufälliges Wechselspiel von Hormonen und elektrischen Impulsen in unseren Gehirnen, dann müssen Sie selbst kein Wissenschaftler sein, um zu ahnen, dass das nicht die ganze Wahrheit ist.

Wenige Jahre nach dem Tod seiner Frau trat der literarische Kabarettist Hanns Dieter Hüsch 1990 in der Bonner Namen-Jesu-Kirche auf. Mit seinem Programm „Meine Bibel". Es begann mit diesen Worten:

„„Das Geheimnis der Liebe ist größer als das Geheimnis des Todes‘, schrieben mir – in persönlich schwerer Zeit – meine Freundinnen Mater Emiliana und Mater Marcella von den Ursulinen in Königstein."

Der Satz begleitet mich bis heute. Weil ich spüre, dass damit alles gesagt ist, was mich am christlichen Glauben zutiefst bewegt.

Gott ist kein Rätsel, das wir „lösen" können, indem wir einen Haufen Bibelstellen zusammensetzen. Gott bleibt ein unverfügbares Geheimnis, das wir umschreiben, anbeten und auch erfahren können, wenn es uns – oft unverhofft – persönlich berührt. Kein beliebiges, nebulöses Mysterium, sondern das „Geheimnis der Liebe". Weil Gott sich uns in Jesus Christus als die allumfassende lebensbejahende Macht der Liebe gezeigt hat, die sogar die Macht des Todes besiegt.

Was das Geheimnis der Liebe für mein Leben bedeutet und was es vielleicht auch für Ihr Leben bedeuten könnte, davon erzähle ich in diesem Buch. In Geschichten, Gedanken und Liedern, die auf meinen zwei beruflichen Baustellen entstanden sind: Als Liedermacher und evangelischer Theologe bin ich seit 1991 bundesweit zu Konzerten, Gottesdiensten und Vortragsveranstaltungen unterwegs; als Filmemacher für ARD, ZDF und arte berichte ich in TV-Dokumentationen über das, was Menschen bewegt. Auf diesen Reisen habe ich auch die harten Seiten der Liebe kennengelernt.

„Ich wünsch dir Liebe ohne Leiden!", hat Udo Jürgens mal gesungen. Doch sollten Sie Eltern, Kinder, Enkel, Nichten, Neffen, Ehepartner oder Freunde haben, dann wissen Sie längst: Es gibt das eine nicht ohne das andere.

Kein Herz, das liebt, bleibt unversehrt. Tut manchmal weh. Das ist es wert.

In diesem Sinne wünsche ich Ihnen

Alles Liebe!
Martin Buchholz

2 Von Sternen und Menschen

Wenn ich mir zwischendurch mal vorstelle, dass das Licht 300.000 Kilometer in der Sekunde zurücklegt, und dass schon das Licht vom Proxima Centauri, also dem Nachbarstern unserer Sonne, satte drei Jahre braucht, bis es auf der Erde ankommt, dann empfinde ich meinen Fußweg zum Bäcker plötzlich als gar nicht mehr so weit.

Und wenn ich mir dann noch vorstelle, dass das Licht aus dem Zentrum der Milchstraße 26.000 Jahre lang unterwegs war, bis wir es hier unten sehen, dann fühl ich mich plötzlich auch gar nicht mehr so alt.

Und wenn ich mich dann drittens mal kurz daran erinnere, dass Juden und Christen seit Jahrtausenden glauben, dass Gott all diese Sterne und Galaxien vor naturwissenschaftlich grob geschätzten dreizehn Milliarden Jahren aus dem Nichts erschaffen hat, dann leuchtet mir auch das Erstaunen jenes jüdischen Dichters ein, der in einem alten Lied der Bibel geschrieben hat:

„Mein Gott, was ist der Mensch, dass du an ihn denkst?" (Psalm 8,5)

3 Gut, dass du da bist! –
Warum dein Leben die Welt verändert

„Ist das Leben nicht schön?"

Was geht Ihnen durch Kopf und Herz, wenn Sie diese Frage hören? Und was würden Sie antworten?

„Schön? Na, ich weiß nicht."

Gut, es hat so seine Momente, in denen man eigentlich ganz zufrieden ist. Aber so aufs Ganze gesehen ist das Leben doch eher ganz schön kompliziert. Und ziemlich anstrengend. Kurz und gut, man schlägt sich so durch.

Oder Sie könnten zurückfragen: „Wer will das wissen, wie ich mein Leben finde?" – Ihr Mann? Wenn der abends müde nach Hause kommt, dann will der wissen, wo er das kalt gestellte Bier findet. Ihre Kinder im Teenageralter? Die wollen wissen, wann sie endlich das neuste Smartphone mit automatischer Latte-macchiato-Kochfunktion kriegen.

„Ist das Leben nicht schön?" – das ist auch der Titel eines mehr als siebzig Jahre alten, berühmten Kinostreifens, ein wunderbar kitschiger Hollywood-Schinken in Schwarz-weiß. Darin spielt James Stewart den kleinen Unternehmer George Bailey. Und der gibt im Verlauf der Geschichte eine klare Antwort auf unsere

Frage: „Nein, das Leben ist kein bisschen schön", sagt Bailey. Und er hat guten Grund, das zu sagen. Er steht nämlich gerade an einem kalten, verschneiten Weihnachtsabend frierend auf einer hohen Brücke. Und will hinunterspringen.

Bis dahin hat George Bailey sein Leben damit zugebracht, eine kleine Bank zu führen, ein anständiges, aber ständig bedrohtes Familienunternehmen, das gerade seinen schlecht verdienenden Mitbürgern dabei half, sich ein bescheidenes Eigenheim bauen zu können. Bailey und seiner Familie ging es nicht um eigene Profitmaximierung. Sie wollten ihren Mitarbeitern und Kunden zur Seite stehen. Aber dann geht auf rätselhafte Weise ein großer Geldbetrag verloren. Bailey steht vor dem finanziellen Ruin. Sein größter Widersacher, ein gieriger Finanzhai, scheint am Ende mit seinen skrupellosen Geschäftsmethoden zu triumphieren. Bailey aber ist verzweifelt. Das Gute, für das er gekämpft hat, scheint vergeblich gewesen zu sein. Nun hält er sich für einen vollkommenen Versager, einen wertlosen Nichtsnutz, nach dem kein Hahn mehr kräht.

„Gut, dass du da bist?!" – „Nein, gar nicht gut, dass ich da bin", sagt Georg Bailey. „Ich bin dann mal weg."

Kennen Sie das Gefühl? Ich meine nun nicht gleich den drängenden Impuls, von der Brücke springen zu wollen. Aber dieses seltsame Gefühl, zu Tode erschöpft zu sein vom Leben?

Das kommt vor

Ich bin ja der Meinung: Das kommt vor, dass man die
Hände in den Schoß legen möchte und sagt:

„Ich mag nicht mehr.
Macht schon mal ohne mich weiter.
Danke. Pause bis halb sieben."
Das kommt vor, dass man
die Beine hochlegen möchte
und sagt: „Vielen Dank. Bis hierher
hat mich Gott gebracht.
Bis hierher und nicht weiter, bitte schön."

Das kommt nie gerufen.
Dem einen passiert es am helllichten Tag im Büro.
Dem anderen beim Ausräumen
des Geschirrspülers.
Dem Nächsten beim Rasenmähen.
Es soll schon vor dem Frühstück vorgekommen sein
und nach den Lottozahlen.
Es kommt, wie es kommt.
Und dann geht es einem so,
dass man sagt: „Merci vielmals! Ich passe.
Temps perdu. Und bienvenu.
Und au revoir. Im nächsten Jahr.
Seht mal zu. Und bleibt gesund.
Und lasst mich mal hübsch in Frieden
für ein Weilchen."

Das ist wie ein Herzbluterguss,
das kann Sekunden dauern, Stunden, Tage.
Und wenn es schlimm kommt, dauert es Wochen.
Da hilft keine Frust-Prophylaxe.
Da braucht man Lustveränderung
und viel Vitamine. Und denkt an
Frischzellenkur und Diätmargarine.
Und fragt sich: „Na, so was?" Und:
„Komm schon! Es geht schon!"
Und kriegt doch den Hintern nicht mehr hoch
und keinen Nagel mehr in die Wand.

Das kommt vor, dass man urplötzlich
unter heiterem Himmel
am Strand von Fuerteventura erkennt,
wie leicht es ist, schwermütig,
und wie schwer, mutig zu sein.
Da heißt es dann: „Geh aus mein Herz
und frage Freud!"
Und man hat doch kein bisschen Lust,
zu lesen oder fernzusehn
oder schöne Mädchen anzuschaun.
Da möchte man verreisen,
ohne aus dem Haus zu gehn.
Und man würde ja aus der Haut fahren,
wenn man nur wüsste, wohin.
Und keiner ist schuld.
Und keiner kann was dafür.
Oder könnte was dagegen tun.

Da können Sie sich auf den Kopf stellen
und die Ohren anlegen.
Das hilft Ihnen gar nichts. Oder vielleicht doch?
Da streiten die Gelehrten noch.
Jedenfalls, da muss man durch,
obwohl man gar nicht weiterwill.
Da fallen einem dann so Sätze ein
wie der von Tucholsky:
„Wenn ich jetzt gehen müsste, würde ich sagen: Wie?
Das war alles?
Und: Ich hab es nicht so richtig verstanden.
Und: Es war ein bisschen laut!"
Weil man ja im Grunde nur seine Ruhe will.
Und damit basta.
Obwohl zu viel Ruhe ist auch wieder nicht gut.
Weil dann poltern lauter Geister durchs Hirn
und pochen die Gedanken in den Schläfen,
dass man auf ganz komische Gedanken kommt.
Und nicht weiß, wie man damit umgehen soll.
Umgehen kann man das nicht.

Das kommt vor, dass einen die Welt
und das Leben,
die Familie und der Garten plötzlich
nichts mehr angehn.
Wie man so was angeht?
Sich gehen lassen oder wegfahren?
Mal wieder ausgehn, bevor man eingeht?
Was weiß ich?

Geht mich ja im Grunde auch nichts an,
wie sie mit so was umgehen. Ich weiß nur eins,
und das sei hier noch nachgetragen:
So ab und an kommt so was vor.
Dann steht man da. Und stellt sich viele Fragen.

Es ist okay so

Du bist schneller gerannt, als dein Atem erlaubt.
Hast das Ziel nicht gekannt, aber immer geglaubt,
dass du irgendwann hörst, wie dein Herz zu dir sagt:
Es war okay so!

Um das Spiel zu gewinnen, fehlt dir immer ein Zug.
Vor dir selber ist das, was du schaffst, nie genug.
Lösch das Licht und hör zu, wenn die Nacht zu dir
spricht:
Es ist okay so!

Deine Gläser mit Sprung, dein zerbrochenes Glück,
deine Narbe am Hals, deine Blicke zurück,
deine Kraft und dein Mut, deine Sehnsucht und Wut.

Du bist höher gesprungen, als die Schwerkraft erlaubt.
Hast mit Engeln gerungen, bist beizeiten ergraut.
Und nun träumst du davon, dass dein Engel dir sagt:
Es ist okay so! Ruh dich aus! Es ist okay so!

Nichts ist okay für Georg Bailey. Er steht immer noch auf dieser Brücke, bereit zum Sprung, und murmelt: „Es wäre für alle besser gewesen, wenn ich nie geboren worden wäre!"

Da legt ihm plötzlich ein Fremder die Hand auf die Schulter. Und fragt: „Meinst du wirklich?"

Der mysteriöse Alte in Hut und Mantel bietet Bailey einen seltsamen Test an: Er zeigt dem verzweifelten Unternehmer, wie es seiner Kleinstadt ergangen wäre, wenn es einen George Bailey nie gegeben hätte. Und Bailey sieht eine Stadt, die von wenigen gierigen Reichen ausgebeutet wird, während alle seine kleinen Kunden zu einem Leben in bitterer Armut verdammt sind. Eine kalte, gnadenlose Welt.

Was der merkwürdige Fremde ihm zeigt, holt George Bailey zurück ins Leben. Er hat verstanden: Ich darf nicht aufgeben. Es gibt eine Menge Leute, die übel dran wären ohne mich. Mein Leben macht einen Unterschied in dieser Welt. Mein Leben hat eine Bedeutung für andere Menschen. Im Großen wie im Kleinen. Für meine Familie, für Nachbarn und Freunde und Kollegen.

Manchmal brauchen wir so einen Engel, der uns daran erinnert: Es ist nicht egal, ob es dich gibt! Vielleicht fällt es dir in deinem stressigen Alltag gar nicht mehr auf – aber was du tust, wofür du sorgst und um wen du dich kümmerst, das macht einen Unterschied für andere Menschen.

Gut, dass du da bist!

Wert-Schätzung

Die Geschichte von Georg Bailey ist wunderschön, aber auch nicht ganz ungefährlich. Weil man daraus folgern könnte: „Ach so, mein Leben wird also erst dadurch wertvoll und bedeutsam, dass ich gute Sachen für andere tue." Bestimmt folglich die Summe meiner guten Taten meinen Wert als Mensch? Was macht mein Leben wertvoll? Wie schätzt man den Wert eines Lebens ein? Wert-Schätzung, worum geht's dabei eigentlich?

Eine mögliche Antwort: Wer tolle Sachen für andere macht, der wird auch von allen wertgeschätzt. Denn Wertschätzung hat man sich gefälligst zu verdienen. Das klingt plausibel, aber ich muss gestehen, es gibt Momente in meinem Leben, in denen ich wusste: Das war nun gar nicht so toll, was du da für andere gemacht hast. Im Gegenteil: Das war ein Fehler. Und Wertschätzung hast du dafür keinesfalls verdient.

„Fast jeder wird sich auf deine Seite stellen, wenn du im Recht bist", hat Mark Twain gesagt. „Nur ein guter Freund bleibt auch dann an deiner Seite, wenn du im Unrecht bist!"

Gerade diese Lebenserfahrungen sind mir besonders wichtig. Erfahrungen mit guten Freunden, die sich nicht von mir abgewendet haben, die zu mir gehalten haben, obwohl ich im Unrecht war. Die gesagt haben: „Du hast Mist gebaut, aber ich bin dein Freund. Komm herein, mach's dir bequem. Gut, dass du da bist!" Besonders kostbar ist mir Wertschätzung, die ich gänzlich unverdient erfahren habe.

In einem uralten Buch der Bibel, in den Sprüchen (18,24), findet sich der großartige Satz: „Ein treuer Freund liebt mehr als ein Bruder!"

Und der Schriftsteller George Bernhard Shaw meinte: „Gute Freunde sind Gottes Entschuldigung für schlechte Verwandte!"

Meine Frau pflegt allerdings zu sagen: „Handwerklich begabte Freunde sind Gottes Entschuldigung für meinen Ehemann!" Sehr witzig! Aber eines ist mal sicher: Die nun mehr als drei Jahrzehnte andauernde Wertschätzung meiner Frau habe ich mir *nicht* mit Hammer und Bohrmaschine verdient! Wenn es bei uns ein Regal aufzubauen gibt, dann sagt meine Frau: „Schön, wenn du *weg* bist!"

Zugegeben, das ist (und bleibt) jetzt eher mein persönliches Problem. Aber für uns alle gilt: Kein Mensch kann auf Dauer leben ohne Wert-Schätzung durch andere Menschen. Ohne die Erfahrung, wertgeschätzt zu sein.

Da will ich noch eine Schippe tiefer graben und fragen: Bestimmt denn nun die verdiente oder unverdiente Anerkennung und Wertschätzung durch andere Menschen über meinen Wert als Mensch? Reicht das aus? Woher nehme ich die Gewissheit, dass es wirklich stimmt, wenn einer zu mir sagt: „Gut, dass du da bist!"? Ich will Ihnen dazu noch eine kleine Geschichte erzählen:

Der Mond schaut mich an

Eines Abends stand ein Vater mit seiner sechsjährigen Tochter am Fenster.

Der Mond war schon aufgegangen und strahlte rund und pausbackig vom Himmel herab.

Und die Tochter sagte: „Papa, wie schön! Der Mond schaut mich an! – Wohnt Gott auf dem Mond?"

„Nein, mein liebes Kind. Gott wohnt im Himmel."

„Aber der Mond ist doch am Himmel."

„Ja, schon. Aber es gibt noch einen anderen Himmel, den wir nicht sehen können."

„Und da wohnt Gott?"

„Ja, mein Kind."

„Und nicht auf dem Mond?"

„Nein, mein Kind."

Die Kleine dachte nach.

„Und warum kann der Mond mich dann anschauen?"

Der Mond, sprach der Vater geduldig, strahle nur deshalb so freundlich auf uns herab, weil er das Licht der Sonne reflektiere.

„Aber er hat mich eben angelacht."

„Das kam dir nur so vor."

„Dann lächelt Gott mir also gar nicht zu?"

„Doch, aber anders."

„Wie anders?"

Der Vater seufzte. „Das kann man mit unseren menschlichen Bildern schlecht beschreiben."

„Schade", sagte das Kind. – „Ja", sagte der Vater.

Und während sie noch schweigend dastanden, zog eine Wolke vor den Mond und verdunkelte den Himmel.

„Hab ich es mir doch gedacht", sagte das Kind.

„Was gedacht?", fragte der Vater.

„Gott ist sauer auf dich. Er hat sich gerade verzogen!"

„Nett, aber kindisch", schmunzelt sogleich der aufgeklärte Zeitgenosse. Denn wie der Vater treffend bemerkte, reflektiert der runde Himmelskörper da oben bekanntlich einfach nur das Licht der Sonne. Kalt und gleichgültig gegenüber irgendwelchen Kinderaugen da unten auf der Erde. Physikalisch und astronomisch leicht zu erläutern.

„Ich habe dich bei deinem Namen gerufen! Du bist mein!", sagt Gott. Nachzulesen im alten Prophetenbuch Jesaja, Kapitel 43.

Moment mal! Der Schöpfer des Universums schaut mich persönlich an? – „Ja, so ist Gott!", behauptet Jesus aus Nazareth. „Denkt doch einmal an die Spatzen!", sagt er zu seinen Zuhörern. „Zwei von ihnen kosten nicht mehr als einen Groschen, und doch fällt kein einziger Spatz auf die Erde, ohne dass euer Vater es zulässt. Und bei euch sind sogar die Haare auf dem Kopf alle gezählt." (Matthäus 10, 29-31)

Okay, bei vielen von uns Männern reiferen Alters ist Gott mit dem Zählen natürlich wesentlich schneller fertig als bei anderen. Und man könnte sich ebenso fragen: Gilt das auch für Toupets? Aber es bleibt trotzdem ein schönes Bild!

„Seid darum ohne Furcht!", sagt Jesus. „Ihr seid Gott mehr wert als eine noch so große Menge Spatzen."

„Fürchte dich nicht. Ich habe dich bei deinem Namen gerufen! Du bist mein Kind!", sagt Gott. Der Schöpfer des Universums schaut jeden von uns persönlich an und sagt: „Ich merke auf, wenn ein Wimpernhaar deiner Augen zu Boden schwebt!"

Wie kindisch muss man sein, um so etwas zu glauben? – Nein! Wie die Kinder müsst ihr werden, um Gottes Blick wahrzunehmen, sagt Jesus. Und er meint damit keinen kindischen Hokuspokus. Sondern das kindliche Vertrauen, dass ich selber vorkomme in der alten biblischen Erfahrung: „Menschen sehen, was vor Augen ist. Gott aber sieht das Herz an." (1. Samuel 16,7) Er sieht dich persönlich an.

Diese Aussage gehört für mich zu den ganz unverschämt steilen Behauptungen des christlichen Glaubens. Seit zweitausend Jahren bekennen Christen: Gott ist die Macht der Liebe, die das Universum umspannt, aber *zugleich* jeden einzelnen Menschen auf Gottes Erde persönlich wahrnimmt und umfängt.

Ich glaube, es ist nicht egal, an welchen Gott wir glauben. Unsere Vorstellung von Gott hat Konsequenzen für unseren Umgang mit Menschen.

Christen glauben: Gott hat sich uns in Jesus Christus selber vorgestellt als die Macht der Liebe. Und darum gibt es keinen Menschen auf der Erde, egal welcher Rasse und Religion er angehört, keinen Menschen, der vielleicht als Flüchtling in unser Land kommt, der nicht von Gott umfassend und persönlich geliebt ist.

In einem uralten Lied des Alten Testamentes singt einer: „Du, Gott, hast mich zusammengefügt im Schoß meiner Mutter." (Psalm 139,13)

„Biologischer Unsinn!", könnten Sie einwenden. „Ich bin das Produkt der körperlichen Vereinigung meiner Eltern. Ich bin das mehr oder minder erfreuliche Ergebnis eines mehr oder minder zufälligen Zusammentreffens von Samen und Eizelle, und damit basta."

„Du, Gott, hast mich geschaffen", singt der Psalmist. „Und dafür danke ich dir. Es erfüllt mich mit Ehrfurcht. An mir selbst erkenne ich: Alle deine Taten sind Wunder!" (Psalm 139,14)

Woher kommt die Ehrfurcht vor dem Leben? Was begründet unseren Wert als lebendige Menschen? Das alte Lied antwortet: Unser Wert kommt von Gott! Und der Sänger singt weiter:

„Ich war dir nicht verborgen, als ich im Dunkeln Gestalt annahm. (…) Du sahst mich schon fertig, als ich noch ungeformt war." (Psalm 139, 15.16)

Hier singt kein biologischer Ignorant. Hier umschreibt einer das tiefe Geheimnis des Lebens: Jeder

Mensch ist ein individuelles, einzigartiges und unverfügbares Kunstwerk Gottes! Das ist der Anfang und
der Zielpunkt unseres Lebens, Gottes persönliche Zusage: „Du bist mein Geschöpf, mein geliebtes Kind!"
Darum hör auf, mit dir selbst zu hadern, und fang
an, über dich zu staunen! Dein Leben ist Gottes Geschenk an dich. Nimm dein Leben an. Du hast nur
dieses eine!

Egal ist es nicht

Wie dein Mund beim Lachen aussieht
und wie deine Stimme klingt,
ob dir deine Arbeit Spaß macht,
was dir da gewaltig stinkt,
ob du rosa Rosen gern hast,
wie du ihren Duft erklärst,
ob du dich vor Spinnen ekelst,
wohin du in Urlaub fährst.

Wie du mit den Bäumen redest,
heimlich, wenn kein Mensch dich hört,
welche Freunde dir viel wert sind,
was dich an dir selber stört,
ob du gern auf Partys Sekt trinkst
oder dort am liebsten fehlst,
welches Buch dich tief berührt hat,
was du niemandem erzählst.

Was du noch im Leben vorhast,
welche Liebe dir missriet,
worauf du seit Langem wartest,
dass es dir einmal geschieht,
was du Gott seit Langem vorhältst,
wie du andre Menschen siehst,
ob du Angst hast vor dem Sterben,
ob du sein willst, wer du bist, -

Egal ist es nicht.
Mag kaum weltbewegend scheinen.
Doch egal ist es nicht.
Jedes Herz hat sein Gesicht.
Egal ist es nicht.

Zusammen ist man weniger allein

„Schön und gut", mögen Sie jetzt einwenden. *„An-*
genommen, ich nehme das mal so an, wo bitte wird
es denn dann mal konkret und erfahrbar, dieses An-
genommen-Sein?" Beim Konkurrenzkampf auf der
Arbeit? Beim ständigen Gerangel um die besten Plät-
ze im Theater des Lebens? Wohl kaum, oder?

„Nehmt einander an, wie Christus euch angenom-
men hat!", empfiehlt Paulus den Christen im Neuen
Testament. (Römer 15,7) Und auch nach zweitausend
Jahren behaupten Christen immer noch unverdrossen:
Die christliche Kirche, die weltweite Gemeinschaft
der Glaubenden in all ihren bunten konfessionellen

Farben und Formen, diese Kirche sei der Raum, den Gott dafür gedacht hat, dass wir miteinander erfahren und einander erfahrbar machen, was es bedeutet, angenommen zu sein!

Apropos Raum: Welche Orte haben wir eigentlich noch, an denen Alte und Junge, Arme und Reiche, Dicke und Dünne zusammenkommen, und es geht *nicht* um Fußball?

Ja, ich weiß, der durchschnittliche deutsche Protestant oder Katholik geht in der Regel vier Mal im Leben in die Kirche, zweimal wird er getragen. Andererseits gibt es immer noch Millionen von Menschen, die überall im Lande in Kirchen und Freikirchen Leben miteinander teilen. Ich glaube, sie haben etwas Wichtiges erkannt: Glauben, Hoffen und Lieben können wir auf Dauer nicht allein. Wir brauchen die anderen. Denn Christsein ist ein Mannschaftssport.

Warum gehen die Menschen ins Fußballstadion? Weil sie nicht wissen, wie es ausgeht. Warum ich immer noch in die Kirche gehe? Weil ich dort mit möglichst vielen anderen von Gott persönlich hören möchte, dass es gut mit uns ausgeht!

Gebet im Gottesdienst

Herr, unser Gott, wir sind hier zusammengekommen
aus dem Stimmengewirr unseres Alltags,
um heute deine Stimme zu hören.
Sprich du zu uns,

mitten hinein in das, was uns bewegt.
Hinein in das, was wir mitgebracht haben in Kopf
und Herz,
was uns tagein tagaus auf Trab hält
und uns bei Nacht so manches Mal
nur unruhig schlafen lässt.

Kehr bei uns ein mit der Kraft deiner Liebe,
die uns erträgt, wo wir uns selber
kaum ertragen können,
die uns aushält, wo wir unsere Versprechen nicht
gehalten haben.

Wir bitten dich um Vergebung für das,
was wir anderen Menschen schuldig geblieben sind.
An Trost und Liebe und Barmherzigkeit.

Lehre uns, nicht nur auf das zu schauen,
was sich im Leben rechnet.
Lehre uns zu sehen, was sich in deinen Augen lohnt.

Kehr bei uns ein mit der Kraft deiner Liebe,
damit auch unsere Liebe wieder
Hand und Fuß bekommt,
damit wir Frieden stiften, wo der Hass regiert,
damit wir Trost spenden, wo Verzweiflung droht,
damit die Hoffnung uns neu beflügelt,
dass deine Liebe das letzte Wort behalten wird!

Unsere Welt ist deine Welt.
Von den Lehmhütten Ugandas bis zum Frankfurter
Bankenviertel.
Vom Regenwald am Amazonas
bis zu unseren Schrebergärten.
Lehre uns wachsamer zu pflegen und zu bewahren,
was du uns anvertraut hast.

Wir danken dir für alles, was du uns jeden Tag zum
Leben schenkst.
Wir danken dir und loben dich, denn du bist heilig,
die Mutter allen Lebens und die Macht der Liebe.
Dafür beten wir dich an.
Amen

4 Schläfst du schon?

Es gibt ja in jeder Beziehung Rituale, die sich die Partner nicht wirklich ausgesucht haben. Sie waren einfach irgendwann da. Und dann hat man sich so daran gewöhnt, dass man sie nicht mehr missen möchte. Vielleicht kennen Sie das auch von zu Hause.

Unser Ritual beginnt meist abends vor dem Fernseher. Meine Frau und ich haben es uns gemütlich gemacht, sie auf dem Sofa, ich im Sessel. Wir haben ganz partnerschaftlich entschieden, heute mal wieder einen wirklich spannenden Krimi gemeinsam zu gucken. Was dann geschieht, wird sich bei uns wohl niemals ändern. Denn nun kann ich vollkommen sicher sein, dass meine Frau genau in dem Moment einschläft, wenn der Film auf seinen dramatischen Höhepunkt zusteuert. So richtig aufregende Filme wirken auf sie wie ein perfektes Narkotikum.

Ich sitze gebannt vor dem Fernseher, kommentiere lautstark die brillante Regie und das raffinierte Drehbuch. Bis ich irgendwann kurz zum Sofa hinüberschaue: Meine Liebste schläft. Und ich weiß, wenn gleich der Abspann läuft, dann wird sie noch einmal ganz kurz die Augen aufschlagen und mit einem tiefen Gähnen fragen: „Und? Wer war denn jetzt der Mörder?"

Doch bevor ich antworten kann, wird sie schon längst wieder im Land der Träume sein. Darauf kann ich mich bei ihr wirklich verlassen. Und ich finde das wunderbar. Weil Verlässlichkeit in einer Beziehung ja in jeglicher Hinsicht etwas ganz Wichtiges ist.

Und ich sage dann immer: Meine Frau und ich, wir kennen uns mittlerweile so gut, wir verstehen uns sogar im Schlaf.

Schläfst du schon?

Schläfst du schon? Ich bin noch wach
und denk über uns beide nach.
Du liegst da, ganz ruhig und still,
und hörst, was ich dir sagen will, nicht mehr.

Mein Kopf ist leer, das Herz randvoll.
Ob ich dich noch mal wecken soll?
Du atmest leis'. Ich lösch' das Licht.
Am besten rufe ich dich nicht
aus deinen Träumen her.

Schlaf tief und fest und träume sacht!
Ich wünsch dir eine gute Nacht!
Doch ein's nimm mit in deinen Traum:
Ich glaube fast, du ahnst es kaum,
wie sehr ich häng an dir.

Du teilst mit mir dein täglich Brot.
Du sitzt mit mir im gleichen Boot.
Du stillst den Sturm, der um uns tobt.
Und wenn die Angst den Aufstand probt,
bist du ganz nah bei mir.

Du machst mir nichts als Liebe vor.
Du leihst mir Auge, Mund und Ohr.
Du lachst mit mir die Schatten fort.
Ich gebe dir noch mal mein Wort:
Ich geb dich niemals her!

Schläfst du schon? Ich bin noch wach
und denk über uns beide nach.
Du liegst da, ganz ruhig und still,
und hörst, was ich dir sagen will,
nicht mehr.

5 Ein schützender Raum mit offenen Türen – Gedanken zur Hochzeit

Liebes Brautpaar,

vor Gott und Menschen wollt ihr beide heute zueinander sagen: „Du gehörst zu mir. Und ich gehör zu dir!" Es ist euer Bund fürs Leben. Damit versprecht ihr einander mehr, als ihr halten könnt. Doch es ist ein Versprechen in der Gegenwart Gottes, und darum ist es ein Versprechen, das von Gott selber gehalten wird. Komme, was mag. Gott hält euer Versprechen. So wie er euch und eure Liebe in die Arme nimmt.

Das ist keine höhere Liebes-Versicherung, und es ist kein Garantieschein für eine gelingende Beziehung. Aber es soll für euch zu einer Gewissheit des Glaubens werden, dass Gott selber sich zu eurer Liebe bekennt. Dass er euch hält, wenn ihr fallt. Dass er euch begleitet, wo ihr nicht weiterwisst. Dass er euch trägt, selbst dort, wo ihr einander kaum ertragen könnt.

„Und ich weiß heute, dass es überhaupt das größte Kunstwerk ist, wenn zwei Menschen, die sich einmal gar nicht gekannt haben, den Versuch machen, miteinander alt zu werden."

Ein Satz von Gottes altem Clown, dem literarischen Kabarettisten Hanns Dieter Hüsch.

Eure Liebe ist ein Kunstwerk. Das Gegenteil von Kunst ist Kitsch. Bemühen wir das Lexikon:

Kitsch ist „eine wertlose ‚Kunstware‘, (...) ein kunstfertig, doch ohne künstlerische Intention hergestellter Gegenstand, der (...) unmittelbar den sentimentalen Selbstgenuss anspricht. (...) Unterschieden wird der ‚süße‘ Kitsch, der schöne Illusion und Rührung zu erwecken sucht, vom ‚sauren‘ Kitsch, der sich mit vorgetäuschter Tiefgründigkeit dem Zeitgeschmack anpasst."

Wieviel Liebes-Kitsch ist in unseren Beziehungen? Wie viele Menschen betrachten ihre Ehe insgeheim längst als „wertlos" und ihren Partner als „auswechselbar"? Wie oft geht es jedem Einzelnen in einer Beziehung vor allem um den „sentimentalen Selbstgenuss"? Wie viel „süßer und saurer Kitsch" bestimmt unsere Partnerschaften? Beziehungs-Kitsch, der sich mit „schönen Illusionen" gegenseitig etwas vormacht, der sich „mit vorgetäuschter Tiefgründigkeit" doch immer nur „dem Zeitgeschmack anpasst"?

Eure Liebe ist ein Kunstwerk. Wie ein kunstvolles Haus, das ihr beide gemeinsam errichtet. Wie gestaltet ihr das Haus, in dem eure Liebe wohnen kann? Ich habe keinen Bauplan für euch. Nur einige Bilder aus einem uralten Lied (Psalm 31. Hier Verse 3b, 8, 9):

„Sei mir ein Fels der Zuflucht, ein unzugängliches Haus, mich zu retten.

Denn mein Fels und meine Festung bist du! (…)

Ich freue mich und bin fröhlich über deine Güte, dass du mein Elend ansiehst und die Bedrängnisse meiner Seele erkannt hast.

Dass du mich nicht überliefert hast in die Hände des Feindes.

Du stellst meine Füße auf weiten Raum."

Nach biblischer Überlieferung stammt dieses Lied von König David. Der regierte vor 3000 Jahren in Israel und besingt hier in Psalm 31 seine Beziehung zu Gott. In der biblischen Tradition wurde die Beziehung zwischen Gott und seinem Volk immer wieder mit dem Bund der Ehe verglichen. Wenn König David hier mit Gott spricht, dann ist das also im Grunde ein intimes Gespräch zwischen Eheleuten. Zugegeben, das klingt zunächst einmal etwas seltsam für postmoderne Ohren, aber so sahen sie es wirklich im Alten Israel. Was erzählt dieser Text, wenn wir ihn tatsächlich einmal so verstehen, dass hier ein Ehepartner zu dem anderen spricht?

Der Sänger dieser Strophen hat offensichtlich Probleme. Echte Probleme. Doch er versucht gar nicht erst, das Ganze nur mit sich selbst auszumachen. Er freut sich darüber, dass der andere sein „Elend ansieht" und die „Bedrängnisse seiner Seele erkannt hat". Hier entblößt sich einer vor dem anderen bis auf die Knochen und macht sich damit sehr verletzlich. Weil er viel Vertrauen in den anderen riskiert. Vertrauen, das missbraucht werden kann. Wird der Partner mich verstehen oder fällt er mir in den Rücken mit dem, was ich ihm anvertraut habe? Wird er mich vielleicht sogar „in die Hände des Feindes überliefern" mit dem, was er von mir weiß?

Es gibt schreckliche Beispiele dafür, wie Eheleute einander wehtun können, wenn sie den anderen vor versammelter Mannschaft vorführen. Denn keiner kennt meine Schwächen besser als der Ehepartner.

Wer liebt, wird verletzbar. Weil sich die Liebe vor dem anderen die Blöße gibt. Dieses Risiko geht ihr gemeinsam ein.

In vielen seiner Strophen ist der alte biblische Psalm ein Klage-Lied. Dahinter steckt eine tiefe menschliche Erfahrung: Wer den Mut findet, einem anderen offen sein Leid zu klagen, der findet heraus aus dem Selbstmitleid. Trost und neue Zuversicht beginnen schon dort, wo ich erfahre, dass der andere meiner Klage wirklich zuhört. Und er vertraut darauf, dass seine Klage im Herzen des anderen gut aufgehoben und geschützt ist.

„Sei mir ein Fels der Zuflucht, ein unzugängliches Haus, mich zu retten.

Denn mein Fels und meine Festung bist du!"

Ich wünsche euch, dass ihr das füreinander sein könnt und wollt: ein „unzugängliches Haus".

Weil Krisen kommen werden, wo ihr einander beschützen müsst vor den Angriffen von außen. Durch Menschen, die eurem Partner schaden wollen.

„Du verbirgst mich im Schutz deines Angesichts vor den Verschwörungen der Menschen. Du birgst mich in einer Hütte vor dem Gezänk der Zungen."

Es werden Tage kommen, wo ihr einander bergen müsst vor dem Gezänk der Lehrerkollegen und Elternvertreter, vor den Verschwörungen der Chefs und Auftraggeber. Manchmal brauchen wir einen Rückzugsort, wenn wir nicht weiterwissen.

Gut, wenn ihr den füreinander errichtet.

„Ich freue mich und bin fröhlich über deine Güte, dass du mein Elend ansiehst und die Bedrängnisse meiner Seele erkannt hast.

Dass du mich nicht überliefert hast in die Hände des Feindes.

Du stellst meine Füße auf weiten Raum."

Die ganze Zeit ist in diesem Lied von „abgeschotteten Festungen" die Rede. „Wir zwei gegen den Rest der Welt." Und nun plötzlich dieser Vers: „Du stellst meine Füße auf weiten Raum."

– In einem Loriot-Film sitzt ein älteres Ehepaar eng nebeneinander im Zug und verkündet seinen Gesprächspartnern freudestrahlend: „Sie müssen nämlich wissen: Wir tun immer alles gemeinsam!" Ja, es gibt Menschen, die sich in einer Beziehung im anderen förmlich auflösen. Das sind Leute, die von sich nur noch im Plural sprechen. Und man fragt sich: Wenn nun einer von beiden mal auf die Idee käme, etwas auf eigene Faust zu unternehmen, würde der andere dann immer noch so freudig strahlen?

Das gemeinsame, schützende Haus soll nicht zum Gefängnis werden.

Ich wünsche dem Haus eurer Liebe weit geöffnete Türen! Denn wer den anderen liebt, der lässt ihn auch einmal das Weite suchen! Der muss ihn nicht an die Kette legen, um sich seiner zu versichern. Der erlaubt dem anderen andere Freunde, ohne die ständige Angst, er selbst könnte dabei etwas verlieren.

„Sei mir ein Fels der Zuflucht, ein unzugängliches Haus, mich zu retten. – Du stellst meine Füße auf weiten Raum."

In diesem Spannungsfeld steht ihr beide auch vor Gott. Er will ein Fels der Zuflucht für euch sein. Ein Haus, in das ihr euch flüchten könnt. Er schubst euch aber auch von dort hinaus, um euren Blick zu weiten. Für neue Horizonte und für die Menschen, die da draußen auf euch warten.

Und so segne euch beide der gütige Gott
auf seine unnachahmliche Weise.
Er schenke euch seine Gelassenheit
bei allem, was ihr tut.

Er stecke euch an
mit seiner Heiterkeit und Menschenliebe.
Gott behüte euren Ausgang und Eingang,
Er begleite euch, wenn ihr aufbrecht
in das weite Land, das er euch zeigen wird.
Er schenke euch Ruhe, wenn ihr heimkehrt
in das bergende Haus eurer Liebe.
Gott leite euch mit seinem Licht,
wenn ihr euch zu verlieren droht
im Labyrinth eures Alltags
und in den täglichen Lebenskonflikten.
Gott wende eure Sorge in Zuversicht
und verwandle eure Trauer in Tanz.

6 Wasser im Keller

Krisen sind Chancen. Das ist erst mal nur eine schlichte Kalenderweisheit. Bis die nächste Krise da ist. Und dir das Wasser bis zum Hals steht. Was mich zu der Frage führt: Wann hatten Sie denn das letzte Mal Wasser im Keller?

Irgendwann kommt ja offenbar jeder mal dran. Und wenn es so weit ist, dann natürlich merkwürdigerweise immer zu einem Zeitpunkt, an dem man sagt: „Also, das passt uns jetzt terminlich gerade nicht so wirklich gut."

Tags zuvor hatte meine Frau für einige Minuten ihre Handtasche aus den Augen gelassen, selbstverständlich inklusive Portemonnaie und allen Papieren drin. Ja, und weg war sie. Die Tasche, meine ich. Ich dachte also, meine Gattin sei noch damit beschäftigt, ihre Kreditkarten sperren zu lassen und neue Ausweise zu beantragen, als ihr lauter Schrei aus den Untiefen unseres Kellers zu mir nach oben drang. Ich flitzte die Treppen hinunter, sodass meine Socken das Erste an mir waren, was richtig nass wurde. Wir standen knöcheltief im Wasser und meine Frau rief: „Es ist die Waschmaschine!"

Eine Stunde später und nach dem Besuch eines

freundlichen Servicetechnikers war klar: An der Waschmaschine lag es nicht. Denn inzwischen stand auch
unser zweiter Kellerraum nebenan unter Wasser. Da
sahen wir auch schon durchs Fenster, wie die behelm-
ten Männer der Freiwilligen Feuerwehr eilig zum be-
nachbarten Reihenhaus rannten. Und erfuhren schon
bald, dass dort ein Hahn geplatzt war. Und das Wasser nun eifrig aus dem Nachbarkeller unten bei uns
durchsickerte.

Irgendwann habe ich mal einen gefrusteten Zeitgenossen sagen hören: „Es gibt auch nette Nachbarn,
aber die wohnen weit weg!" Ich weiß natürlich nicht,
welche traumatischen Erfahrungen dieser Mensch gemacht hat, denn ich kann nur sagen: Unsere netten
Nachbarn waren sofort da. Stapften barfuß oder mit
Gummistiefeln durch unsere Keller, schippten uner-
müdlich Wasser in Eimer und retteten, was zu retten
war. Und das war viel, richtig viel.

Was sich da unten in Jahrzehnten angesammelt hatte,
trieb uns die Schamesröte ins Gesicht. Doch nun war
es zu spät für Peinlichkeiten. Denn schon hatten die
Männer, Frauen, Jugendlichen und Kinder aus der
Nachbarschaft eine Menschenkette gebildet, die vom
Keller bis in unser Wohnzimmer führte und die nun
von Hand zu Hand nach oben durchreichten, was wir
jahrzehntelang vollkommen vergessen oder verdrängt
hatten: vom zerfledderten Kinderpuzzle und Würfel-
spiel über den längst klapprigen alten Plastikkauf-

mannsladen und meinen ersten PC, der kurz nach Erfindung des Computers gebaut worden war, bis zu Omas handgeknüpftem Teppich, der leider immer schon so hässlich war, dass wir ihn jahrzehntelang in der dunkelsten Ecke des Kellers gelagert hatten. Von den gefühlten 20.000 alten Krimis, längst vergilbten Nachschlagewerken, Kinderbüchern, Reiseführern, Zeitschriften und prall gefüllten Aktenordnern ganz zu schweigen.

Zwei Stunden später war das Wasser aus dem Keller wieder weg. Und unsere erschöpften Nachbarn nach weiteren tröstlichen Beileidsbekundungen auch.

Unser Wohnzimmer sah aus wie eine Mischung aus Rumpelkammer, Flohmarkt und schlecht geführtem Antiquitätenhandel. Irgendwo dazwischen kauerten meine Frau und ich und wussten nicht so recht, ob wir lachen oder weinen sollten.

Mein Blick schweifte über den ganzen Krempel und ich sagte zu meiner Frau: „Wie schön, endlich mal gründlich vor Augen geführt zu bekommen, was wir alles *nicht* zum Leben brauchen!"

Unsere Vergangenheit können wir zwar nicht ändern, aber entsorgen können wir sie schon.

Einige Wochen später war der Keller dann wieder richtig trocken und das meiste alte Zeug für immer aus unserem Leben verschwunden. Und dieses Gefühl der Leichtigkeit und Freiheit … das sollten Sie unbedingt auch mal erleben! Ob Sie dafür auch erst Wasser

im Keller brauchen, weiß ich nicht. Aber Sie können
es ja morgen mal in der Familie besprechen.

Wenn alle Stricke reißen

Steht dir das Wasser bis zum Hals,
dann lass den Kopf nicht hängen!
Stehst du am Rand des Wasserfalls,
lass dich nicht vorwärtsdrängen.

Greif meine Hand, halt dich fest.
Wenn du dich dann fallen lässt,
fang ich dich auf. Verlass dich drauf!

Wir haben manchen Sturm gesehn.
Doch auch den Regenbogen.
Ich drohte oft unterzugehn.
Du hast mich hochgezogen.

Und Gottes Hand hält uns fest.
Wenn uns zwei der Mut verlässt,
fängt sie uns auf. Verlass dich drauf!

Und auch wenn alle Stricke reißen,
häng ich an dir und du an mir.
Wir müssen uns nichts mehr beweisen.
Genau das lieb ich so an dir!

7 Tränen im Jammertal

Gelegentlich gerät man in Gespräche, mit denen man gar nicht gerechnet hat. Und die man dann nicht mehr aus dem Kopf kriegt. Ich hatte ein Konzert in einer Kirche bei Detmold. Hinterher setzte ich mich in meinem kleinen Hotel noch an die Bar für ein gepflegtes Feierabendbierchen. Es war nicht viel los, und die Barkeeperin war in Plauderlaune.

Sie stamme ja aus der Türkei, lebe aber schon über dreißig Jahre in Deutschland. Ach, in der evangelischen Kirche hätte ich heute gespielt. Interessant. Ja, sie glaube ja auch an Gott, sei aber keine Muslima. Dann lächelte sie geheimnisvoll und sagte:

„Ich komme aus einer christlichen Familie. Wir gehören zu einer der ältesten Kirchen der Welt: der gregorianischen Kirche. Schon mal gehört?"

Hm, ja, doch, aber wie war das noch mal? Die gregorianische Kirche wurde nach Gregor benannt, dem Schutzpatron des armenischen Volkes. 301 nach Christus ließ sich König Trdat III. von Gregor zum christlichen Glauben bekehren. Und Armenien wurde zum ersten christlichen Staat der Welt. Muss man jetzt vielleicht nicht wissen, schadet aber auch nicht.

„Jedenfalls", sagte die Frau, „ist alles, was wir glauben, schon ziemlich alt. In dem armenischen Dorf meiner Ururgroßmutter gab es noch eine seltsame Tradition: Jedes Mal, wenn ein Kind geboren wurde, kamen alle Frauen des Dorfes zusammen und haben stundenlang mit der jungen Mutter geweint und geklagt. Der Tag der Geburt ist ein Tag der Trauer gewesen. Denn was konnte es Schlimmeres geben, als in diese grausame Welt hineingeboren zu werden? Wussten doch alle, was diesem Kind nun bevorstand an jahrzehntelangem Leid, Entbehrungen und Schmerzen auf dieser Erde.

Und darum", fügte sie schmunzelnd hinzu, „wurde bei jeder Beerdigung im Dorf meiner Ururgroßmutter ein fröhliches Fest gefeiert. Denn endlich war nun wieder ein Mensch von seiner lebenslangen Prüfung erlöst worden und konnte in Frieden eingehen in die Herrlichkeit des Himmels."

Ob es sich tatsächlich genau so zugetragen hat, weiß ich nicht, bin aber von Herzen dankbar dafür, dass ich nicht damals in diesem Dorf zur Welt gekommen bin. Ich will nicht glauben müssen, dass unser kleines Leben auf Erden nur eine Zeit göttlicher Prüfung ist. Eine schwer erträgliche Last, die Gott uns auferlegt.

Leben ist Ansichtssache. Und wenn ich die Wahl habe, dann möchte ich es lieber als ein freundliches Geschenk des Himmels sehen.

8 Die Qual der Wahl –
Entscheiden tut weh

Waren Sie auch schon mal in Amerika frühstücken? Noch nicht? Sollten Sie unbedingt mal ausprobieren. Für mich war es jedenfalls schon vor einem Vierteljahrhundert eine echte Erfahrung fürs Leben. Noch leicht schlaftrunken, in Vorfreude auf den natürlich meist zu dünnen Kaffee wankt man ins Frühstücksrestaurant des amerikanischen Motels, möchte erst mal mit niemandem reden, einfach nur dasitzen, Kaffee trinken und sich ganz allmählich mit dem neuen Tag anfreunden, und was passiert? Es dauert keine fünfzehn Sekunden, da steht eine freundliche Amerikanerin vor einem, um die Bestellung zu notieren.

Nun gut, man sagt, „Ja, bitte einmal Nummer 7, number seven, yes."

„Happy Morning" heißt das Frühstück, glaub ich, yes, please. Und damit ist die Sache erledigt, dachte ich beim ersten Mal. Aber, nein, nun ging die Sache erst los:

„And how do you want your eggs?" Also, das heißt so sinngemäß: „Was sollen wir mit den Eiern machen?"

„Äh, sorry?" Ich meine, was für eine Frage an einen Deutschen, bevor er gefrühstückt hat. Ein Ei am Morgen ist weiß, warm, nicht zu hart gekocht und steht im Eierbecher kommentarlos bereit. Ein Ei in Amerika am Morgen kommt erstens niemals allein und zweitens ist keineswegs ausgemacht, wie: „Do you want your eggs up or down, scrambled or poached, boiled or burnt?" Also, Spiegelei oder Rührei, gekocht, gebraten oder gedünstet, als Omelette oder im Schlafrock, à la carte oder Senfei ... und so weiter und so weiter. Tja, und dann – müssen Sie sich entscheiden.

Ich hasse das! Ich hasse es, morgens vor dem Frühstück mit Rändern unter den Augen bereits Entscheidungen treffen zu müssen, von denen vielleicht das Gelingen eines ganzen Tages abhängt. Denn ein gutes Frühstück am Morgen hat da ja ganz wegweisenden Charakter. Was, wenn ich scrambled eggs nehme, aber dann, wenn das Frühstück kommt, feststelle, dass ich eigentlich doch lieber Spiegelei gehabt hätte? Und vor allem: Man muss sich schnell entscheiden!

Da bleibt keine Zeit, das Pro und Contra abzuwägen, eine wirklich verantwortliche Entscheidung zu treffen. Nein, vor Ihnen steht eine Kellnerin, die noch anderes zu tun hat, was man ihr – trotz des freundlichen Lächelns – auch ansieht. Und dann hat man natürlich die unterschiedlichen Varianten längst vergessen vor lauter Aufregung. Und dann muss die Kellnerin noch mal aufzählen. Und man sagt ganz schnell irgendwo „Stop!" Genau das, yes, please, nur um nicht dumm aufzufallen und den Betrieb aufzuhalten. Und kriegt Spiegelei, obwohl man Omelette wollte.

Wir haben die Qual der Wahl.

Und dann gibt es lange, beschwerliche Wege, die wir einschlagen, um irgendwann festzustellen: Du bist auf dem „Holzweg". Der Ausdruck stammt noch aus der Zeit, als die Waldarbeiter kilometertiefe Schneisen in die Wälder schlugen. Wer diesem Weg folgte, der stand irgendwann mitten im Wald, genau dort, wo die Baumfäller ihre Arbeit beendet hatten. Du hast dich für einen Weg entschieden, doch du bist auf dem Holzweg. Diese Erkenntnis kann richtig wehtun.

Du hast jahrelang auf Lehramt studiert, deinen Abschluss irgendwie geschafft, um dann in der Schule festzustellen, dass du als Pädagoge komplett ungeeignet bist. Du hast jahrelang an deinem Eigenheim gebaut, deine Freizeit und dein Familienleben für das Haus geopfert, um irgendwann zu entdecken, dass du immer noch vor einem riesigen Schuldenberg stehst, den du niemals abtragen kannst. Du hast dich entschieden, einem Freund zu vertrauen, der dir plötzlich in den Rücken fällt. Du hast dich für einen Lebenspartner entschieden, der dir nach zehn Jahren ins Gesicht sagt: „Du warst mein größter Fehler!"

Wie gehen wir mit diesen Entscheidungen um? Und mit ihren Folgen? Warum ist das Lied „I did it my way", „Ich tat es auf meine Art", das Lied einer gebrochenen Existenz wie Frank Sinatra, einer der größten Hits der Postmoderne? Ich vermute: Weil uns jedes Mittel recht ist, sogar ein simpler Evergreen im Radio, um uns vor uns selbst zu rechtfertigen für die Entscheidungen, die wir in unserem Leben getroffen haben.

Und dann kommen eben doch diese unangenehmen Momente, in denen du dich fragst, wie einst der Schuster Voigt im Hauptmann von Köpenick: „Wilhelm Voigt, wat haste jemacht mit dein' Leben?" Und wir antworten mit einem französischen Schlager: „Je ne regrette rien." – „Ich bereue nichts!" Warum? Weil uns einfach nichts anderes einfällt zu unserer Entschuldigung als ein trotziger Schlager.

Das Reich der Möglichkeiten

„Das Leben ist das Reich der Möglichkeiten", hat der Schriftsteller Milan Kundera gesagt. Nie waren die Möglichkeiten so vielfältig wie heute. Vor 200 Jahren wurden die Menschen von den Eltern verheiratet, vor 100 Jahren war eine Ehefrau ohne ihren Ehemann aufgeschmissen, also blieb sie bei ihm, wie unglücklich auch immer. Vor 60 Jahren war zumindest noch halbwegs klar: Der Mann verdient die Brötchen, die Frau sorgt für die Familie. Heute müssen wir das alles eigenverantwortlich entscheiden: die Wahl des Lebenspartners, unseren Einsatz für die Beziehungsqualität und die detaillierte Rollenverteilung in der Familie.

Und nicht dass wir uns missverstehen: Ich halte das für einen unglaublichen Fortschritt. Doch mit der Freiheit der Wahl kam die Last der Verantwortung. Wir müssen für unsere Entscheidungen geradestehen. Da ist keine Tradition mehr, hinter der wir uns verstecken könnten. Wir entscheiden. Und wir stehen dafür gerade. Ob wir wollen oder nicht. Von der Wahl der besten Babywindeln bis zur Entscheidung, wen wir beerben wollen. Von der Berufswahl und der neuen geforderten Flexibilität am Arbeitsmarkt bis zur Freizeitgestaltung, vom Aussuchen der Tapete bis zur Partnerwahl.

Gehen wir doch grad mal kurz auf die Schnelle zusammen in einen postmodernen Supermarkt. Sie möchten rasch noch eine Marmelade kaufen. Dann stehen Sie vor dem Regal. Und da steht Marmelade. Nicht eine. Dutzende Sorten Marmelade. In allen Geschmacksrichtungen, Größen, Farben, mit und ohne Zucker, Markenprodukt und No-Name-Ware aus aller Herren Länder. Was tun Sie? Wie entscheiden Sie sich? Ich bin da komplett überfordert. Und kaufe am Ende total frustriert ein Glas Nutella.

Das Reich der Möglichkeiten und die Freiheit der Wahl haben unser aller Leben im postmodernen Westen an vielen Stellen durchaus schöner und lebenswerter gemacht. Ich jedenfalls bin froh, dass nicht irgendein Familienpatriarch für mich entschieden hat, welche Frau ich zu heiraten habe. Andererseits hat die grenzenlose Freiheit der Wahl unser Leben unglaublich stressig gemacht. Weil es zu jedem Angebot auch eine ebenso interessante Alternative gibt. Und: Weil es fast nichts mehr gibt, was man und frau eben einfach so tut, weil man es eben so tut.

Nichts ist mehr selbstverständlich

Im Namen der Freiheit und Selbstbestimmung haben wir alle alten einst selbstverständlichen Traditionen und Rituale hinterfragt und die meisten über Bord geworfen, mit dem Ergebnis, dass wir uns heute buchstäblich jede Antwort selber geben müssen und jeder Tag, den Gott werden lässt, in seiner Gestaltung erst diskussionsintensiv ausgehandelt werden muss.

Es gab Zeiten, da war selbstverständlich klar: Am Sonntag wird keine Wäsche gewaschen und aufgehängt. Und am Freitag gibt es Fisch, übrigens in wöchentlicher Erinnerung an den Karfreitag, den christlichen Feiertag, der an den Tod Jesu am Kreuz erinnert. Fisch am Freitag, das hatte aufs Jahr gesehen zumindest einen nicht zu unterschätzenden Vorteil: Über fünfzigmal im Jahr musste nicht mühsam überlegt werden, was heute eingekauft und gekocht wird. Und ob es den lieben Kleinen auch schmeckt. Die wussten nämlich vorher schon: keine Diskussion. Freitag ist Fischtag. Warum? Weil das eben immer so war und darum so ist. Basta. Kommt uns heute seltsam vor, nicht wahr? Hatte aber den Vorteil, dass es den Kopf der Hausfrau spürbar entlastet hat.

Hirnforscher schätzen, dass wir täglich circa 100.000 Entscheidungen treffen, die meisten unbewusst, aber circa einhundert auch bewusst. Das ist harte Arbeit. Mit ungewissem Ausgang. Das macht Stress. Wenn es Freitag immer Fisch gibt, wäre das immerhin schon ein Stressfaktor weniger. Ich betone: wäre. Denn: Nein, auch bei uns zu Hause gibt's nicht jeden Freitag Fisch. Noch schwerer, als eine alte Tradition abzuschaffen, ist es, sie wieder einzuführen.

Dass der Sonntag ein selbstverständlicher Ruhetag war, das half den Menschen, ihre Woche zu strukturieren. Dem Leben einen heilsamen Takt und Rhythmus zu geben. Wenigstens *ein* Tag pro Woche musste schon mal nicht verhandelt werden. An diesem Tag ruhte die Arbeit. Basta. Keine Diskussion. Wir haben im 21. Jahrhundert alle Tage gleich gemacht. Mit dem Ergebnis, dass wir jeden Tag eigenverantwortlich gestalten müssen und davon chronisch erschöpft sind.

Dass selbstverständliche Traditionen und Rituale auch ihr Gutes haben, entdecken heutzutage viele Zeitgenossen interessanterweise immer dann, wenn sie Mutter oder Vater werden. Kinder brauchen Rituale, wie der Fisch das Wasser. Regelmäßige Mahlzeiten, wo auch alle am Tisch sitzen und nicht vor der Glotze. Verlässliche Regeln, an die man sich ohne ständige Diskussionen zu halten hat. Die allabendliche Geschichte oder das Lied vor dem Einschlafen.

Ein Freund von mir ist ein Kameramann, mit

dem ich schon so manche kritische Diskussion über
den christlichen Glauben geführt habe. Doch dann
erzählte er mir, dass er nun seit Monaten seinem kleinen Sohn jeden Abend Geschichten aus einer Kinder-
bibel vorliest. Der Kleine sei ganz scharf darauf, und
für ihn selbst sei es ein schönes Ritual geworden, das
er nicht mehr missen möchte. Schließlich könne es ja
auch nicht schaden, sagte mein Freund, wenn unsere Kinder diese alten Geschichten mal gehört hätten.
Und er selber mache dabei auch manche spannende
Entdeckung. Schön. Doch mit ein paar Ritualen am
Kinderbett ist unser Entscheidungs-Dilemma keineswegs gelöst, meine ich.

Entscheidungen treffen heißt: eine Chance zu nutzen.
Und Millionen anderer Chancen ungenutzt vorüber-
ziehen zu lassen. Und dann pocht eine Frage an die
Herzenstür: Was wäre gewesen, wenn ...? Wie würde
ich handeln, wenn ich das Rad zurückdrehen könnte,
wenn ich noch einmal vor der Entscheidung stünde?
Wenn mir dieses Leben noch einmal geschenkt würde?
    In solchen Momenten kommt für eine beachtli-
che Zahl von Zeitgenossen die Religion ins Spiel. Der
Glaube an die fernöstliche Lehre der Reinkarnation
hat auch hierzulande viele Anhänger. Allerdings mit
einem entscheidenden Unterschied zur Religiosität im
fernen Osten: Im Hinduismus zum Beispiel ist die
Lehre von der Seelenwanderung ein Albtraum: Die
Seele des Menschen muss in jedem neuen Leben in

immer neue Körper schlüpfen. In welchen Körper, also in den einer Ratte oder in den eines ehrwürdigen Brahmanen, das ist abhängig von der Qualität des vorherigen Lebens. Wer treu seine Rolle erfüllt hat, dessen Seele kriegt im neuen Leben einen komfortableren Körper. Und der größte Wunsch ist, endlich aus dem Kreislauf der Seelenwanderung befreit zu werden.

Im postmodernen Westen wird die Seelenwanderung hingegen als wunderbare Chance (miss-)verstanden: Alles, was du in deinem bisherigen Leben verpasst hast, die falschen Entscheidungen, die du getroffen hast, alles das ist Schnee von gestern. Du wirst wiedergeboren in einem neuen Körper. Du bekommst eine zweite Chance, all das nachzuholen, all das besser zu machen, was du im vorherigen Leben versaut und versäumt hast.

Herzensklugheit

„Unser Leben währet siebzig Jahre, und wenn's hoch kommt, so sind's achtzig Jahre, und was daran köstlich scheint, ist doch nur vergebliche Mühe, denn es fähret schnell dahin, als flögen wir davon."

Derart poetisch, aber in der Sache unromantisch steht es in Psalm 90, Vers 10. Einem der großen Lieder des Alten Testamentes. Kein Wort von einer zweiten Chance in einem anderen Leben, keine Hoffnung auf Wiedergutmachung durch Seelenwanderung. Eine bestimmte Zeit ist uns auf dieser Erde gegeben, und sie verrinnt so schnell, „als flögen wir davon." Eigentlich ein brutaler Satz, weil er uns sämtlicher Illusionen beraubt. Und mit dieser Einsicht wendet sich der Psalmensänger an Gott:

„Lehre uns bedenken, dass wir sterben müssen, auf dass wir klug werden!" Psalm 90, Vers 12.

Ich glaube, mit dieser Klugheit ist mehr gemeint als die Bauernschläue eines gewieften Lebenskünstlers. Hier geht es um die Klugheit des Herzens.

Unser Herz wird klug, wenn wir aufhören, uns etwas vorzumachen. Wenn wir anfangen, einen klaren Blick für unsere Situation zu gewinnen. Wir wollen die Dinge verantwortungsvoll regeln, wir wollen unsere Träume verwirklichen, das Richtige tun für uns und jene, die uns anvertraut sind. Wir möchten doch gern unser Haus bestellt haben, wenn wir einmal gehen müssen. Aber „Sterben heißt, dies alles ungelöst verlassen!", hat der Dichter Gottfried Benn einmal gesagt.

Wir können uns noch so sehr abstrampeln, wir werden niemals fertig mit den Dingen. Wir werden missratene Entscheidungen nicht zurückholen oder revidieren können. Wir werden dies alles ungelöst verlassen. Und die Frage bleibt: „Wilhelm Voigt, wat haste jemacht mit dein' Leben?"

Auf einem alten Grabstein auf der schönen Nordseeinsel Borkum fand ich eine denkwürdige Antwort auf diese Frage. „7663 Fässer Speck", war da zu lesen. Der Grabstein erinnerte an Roelof Gerrits Meyer,

Borkums größten Walfänger im 18. Jahrhundert. 279 Wale hat Herr Meyer zeitlebens im arktischen Meer zur Strecke gebracht. Und aus denen hat man 7663 Fässer Walspeck gewonnen. 7663 Fässer Speck – die Bilanz eines Lebens.

Doch der Wert eines Lebens ist nicht in Speckfässern zu messen. Christen glauben: Ein Mensch ist mehr als die Summe seiner geglückten und missratenen Entscheidungen. Was wir selber aus unserem Leben machen, ist noch lange nicht die ganze Wahrheit. Entscheidend ist, was Gott selber aus unserem Leben macht. Der Gott, der uns ins Leben geliebt hat.

„Ja, ich bin überzeugt", schreibt der erste christliche Theologe Paulus dazu, „dass weder Tod noch Leben, weder Engel noch unsichtbare Mächte, weder Gegenwärtiges noch Zukünftiges, (…) weder Hohes noch Tiefes, noch sonst irgendetwas in der ganzen Schöpfung uns je von der Liebe Gottes trennen kann, die uns geschenkt ist in Jesus Christus, unserem Herrn." (Römer 8,38-39)

Ganz egal welche guten oder schlechten Entscheidungen Sie in Ihrem Leben getroffen haben, und ganz egal, welche missratenen Entscheidungen anderer Menschen Sie in Ihrem Leben ausbaden und erleiden mussten, gilt auch Ihnen diese Zusage Gottes. Herz, werde klug und lass dir sagen: Vor allem und letzten Endes bist du von Gott geliebt, bejaht und angenommen – so wie du bist.

Vertrauen üben

Wie lernt unser Herz die Klugheit, wenn es gilt, weitreichende Entscheidungen zu treffen?

Meine Frau hat viele Jahre als Sozialarbeiterin
gearbeitet. Und immer wieder kam und kommt es
vor, dass sie mit ihrem Team Entscheidungen treffen
muss, die weitreichende Konsequenzen für die Zukunft eines Kindes und seiner Familie haben.

Was ist das Beste für das Kind und die Eltern, die
meist aus sozial schwachen Verhältnissen kommen?
Vor dieser Frage steht meine Frau in ihrem Job immer wieder. Und muss entscheiden. Versucht sie, bei
Gericht durchzusetzen, dass das Kind vorerst getrennt
wird von der alkoholkranken Mutter, die nicht einmal mehr für sich selber sorgen kann, oder versucht
sie, die Mutter durch zusätzliche Therapieangebote
noch so zu unterstützen, dass das Kind vielleicht doch
bei ihr bleiben kann?

Manche solche Familie hat sie über viele Jahre begleitet. Manchmal geschieht es dann tatsächlich, dass
eine Hilfsmaßnahme greift. Aber oft folgt auch nach
hoffnungsvollem Beginn irgendwann ein jäher Ab-
sturz, der Vater wird wieder gewalttätig, die Mutter
rutscht wieder in ihre Sucht, das Kind haut ab oder
wird mit sechzehn schwanger.

Und dann beginnt meine Frau, sich die bohren-
den Fragen zu stellen: Habe ich damals die richtige
Entscheidung getroffen? Waren die Hilfsmaßnah-

men die bestmöglichen? Hätte ich mehr tun können?

Darauf gibt es nur selten klare Antworten. Wie gehen wir damit um? Entscheiden müssen wir immer heute, ohne zu wissen, was morgen daraus wird.

Meiner Frau und mir hilft dabei unser christlicher Glaube. Wir üben uns in der Zuversicht: Was aus den Entscheidungen wird, die wir nach bestem Wissen und Gewissen zu treffen versuchen, liegt nicht in unserer Hand. Der Gott, an den wir glauben, ist die Macht der Liebe. Darum ist alles, was wir aus Liebe tun können, ein Geschenk des Himmels. Und wir hoffen darauf, dass Gott selbst aus unseren kläglichen Versuchen und auch aus unseren halbherzigen Taten etwas machen kann. Wie er das macht und was er daraus macht – diese Entscheidung möchten wir getrost Gott überlassen.

Und unser Herz wird klug, wenn wir anfangen zu üben, diesem Gott der Liebe zu vertrauen. Menschen, die das versuchen, treffen keineswegs immer die besseren Entscheidungen. Auch sie machen folgenschwere Fehler. Gott hat sich nämlich entschieden, nicht nach starken, siegesgewissen Glaubenshelden zu suchen, sondern kleine, verzagte und oft ohnmächtige Menschen mit seiner Macht der Liebe zu begleiten. Gott hat sich aber auch entschieden, Menschen, die stolpern und auf die Nase fallen, wieder aufzurichten.

Es gibt für uns keine Flucht aus der Verantwortung, doch es gibt eine Zuflucht, die höher ist als alle menschliche Vernunft. Gottes Liebe und Barmherzigkeit haben das erste und das letzte Wort. Im Vertrauen darauf endet auch der 90. Psalm mit einem Gebet:

„Und der Herr, unser Gott, sei uns freundlich und fördere das Werk unserer Hände bei uns. Ja, das Werk unserer Hände wollest du fördern!"

Entscheidung

Wenn sich die Tür ganz leise schließt,
durch die du grad gegangen bist,
und du stehst ganz allein vor neuem Land;
du überdenkst den letzten Schritt,
du nimmst die Welt von gestern mit,
erahnst die Spuren im verwehten Sand.

Du fragst dich, was dich hierher trieb,
bis wann die Qual der Wahl dir blieb,
ab wann es alles wie von selber lief.
Dann nimmst du hin, was nun mal ist,
betrachtest, wer du heute bist,
und schreibst dir selber einen offnen Brief:

Was wollte ich, was wurde draus?
Was tat ich und was ließ ich aus?
Wie hol ich dies und jenes falsche Wort zurück?

Was träumte ich, was tat ich dann?
Versäumte ich, was fing ich an?
Und welche Ziele hab ich noch im Blick?

Vielleicht hab ich zu spät geplant,
die Gunst der Stunde nicht erkannt,
vielleicht war ich noch nicht dafür bereit.
Vielleicht hab ich zu lang gedacht,
dass es ein andrer für mich macht.
und war am falschen Ort zur falschen Zeit.

Was mich bewegt, hast du erkannt.
Hältst meine Zeit in deiner Hand.
Du siehst mein Herz und trägst die Fehler mit.
Durchdringe du, Herr, meinen Tag,
und das, was ich zu tun vermag!
Ich steh vor dir und geh den nächsten Schritt.

9 Die Jogginghose

Wenn eine Frau Ihnen abends bei Kerzenschein zu-
flüstert: „Du, Schatz, ich bin gleich wieder da. Ich
schlüpf nur noch schnell in was Bequemes!" – dann
sollten Sie hellwach bleiben, denn eines ist klar: Sie
wird in einem verheißungsvollen Outfit wiederkeh-
ren, das noch einen aufregenden Abend verspricht.

Bei meiner Frau und mir ist das alles genau umgekehrt. Wenn *ich* nämlich morgens meiner Frau zu-
flüstere: „Du, Schatz, ich bin gleich wieder da, ich
schlüpf nur noch schnell in was Bequemes!", dann
schläft meine Frau sofort wieder ein. Sofort. Denn sie
weiß: Ich werde gleich zum Frühstück in Jogginghose
erscheinen. Ein Anblick, den meine Frau ungefähr
so erotisch findet wie den französischen Fußballer
Franck Ribéry in bayerischen Lederhosen.

    Mir ist das wurscht. Ich *liebe* es nun mal, mit mei-
ner schlabbrigen Jogginghose in den Tag hineinzu-
gammeln. Und nach einem ausgedehnten Frühstück
auf dem Sofa die Zeitung durchzublättern. Neulich
fiel mir dabei eine alte Illustrierte in die Hände. Ich
schlug sie auf und sah – das sonnenbebrillte Gesicht
von Karl Lagerfeld. Darunter stand folgendes Zitat
von ihm:

„Wer eine Jogginghose trägt, hat die Kontrolle über sein Leben verloren!"

Und in diesem kostbaren Moment traf mich blitzartig eine Einsicht. Mir wurde klar: Der Mann hat vollkommen recht! Meine Jogginghose ist nicht einfach nur ein bequemes, wenig kleidsames Beinkleid. Nein! Sie ist ein Bekenntnis:

Wenn ich in Jogginghose zum Frühstück schlurfe, dann bringe ich damit nachdrücklich zum Ausdruck: „Alter, mach dir nichts vor! Du hast die Kontrolle über dein Leben verloren."

Doch nun lautet die große Frage: Finde ich die Kontrolle über mein Leben wieder, wenn ich – wie einst Karl Lagerfeld – im Nadelstreifenanzug zum Frühstück erscheine? Oder will mich meine Jogginghose noch eine viel tiefer sitzende Wahrheit lehren? Die Wahrheit nämlich, dass man nur verlieren kann, was man einmal hatte. Und da wurde mir klar: Ich habe sie nie gehabt, die Kontrolle über mein Leben. Zumindest nie in den spiel-entscheidenden Momenten.

Ich kann mich jedenfalls nicht erinnern, im Himmel gefragt worden zu sein, wann, wo und wie ich auf die Welt zu kommen gedenke.

Ich fühlte mich selten so außer Kontrolle wie in dem Moment im vorigen Jahrtausend, als ich meine Freundin fragte, ob sie mich heiraten wolle.

Ich wurde vor Kontrollverlust fast ohnmächtig, als meine Tochter zum allerersten Mal verschmiert und heftig brüllend in meine Arme gelegt wurde.

Kann es sein, dass die Liebe mit Vorliebe dort anfängt, wo die Kontrolle aufhört?

Oder machen Sie es lieber wie Herr K. in der berühmten Geschichte von Bert Brecht:

„Was tun Sie", wurde Herr K. gefragt, „wenn Sie einen Menschen lieben?"

„Ich mache einen Entwurf von ihm", sagte Herr K., „und sehe, dass er ihm ähnlich wird!"

„Wer? Der Entwurf?" – „Nein", sagte Herr K., „der Mensch."

Ja, da können Sie mal sehen, auf was für Gedanken man kommen kann, wenn man den neuen Tag in Jogginghose begrüßt. Schade eigentlich, dass Karl Lagerfeld dieses Gefühl nicht mehr erleben kann. Er wird nie erfahren, was er verpasst hat.

10 Liebe deinen Nächsten! –
Haben Christen die Welt verbessert?

Auf meinen Reisen als Filmemacher hab ich Christen wie den irischen Pater Shay Cullen getroffen. Ein katholischer Priester, der sich auf den Philippinen aufopferungsvoll für die therapeutische Behandlung von Kindern einsetzt, die von westlichen, auch von deutschen Sextouristen misshandelt wurden. Dann kommt man nach Hause und liest in der Zeitung: Die katholische Erzdiözese von Boston, USA, hat sich bereit erklärt, 85 Millionen Dollar Entschädigung zu zahlen. Entschädigung wofür? Für Hunderte mutmaßlicher Opfer sexuellen Missbrauchs. Kinder, die jahrzehntelang von katholischen Priestern misshandelt wurden.

Haben Christen die Welt verbessert? Die Bilanz könnte kaum kontrastreicher sein. Das sollte Christen beunruhigen. Denn die Frage zielt auf das wichtigste Gebot, das Jesus seinen Nachfolgern gegeben hat:
  „Du sollst den Herrn, deinen Gott, lieben von ganzem Herzen, mit ganzer Hingabe und mit deinem ganzen Verstand. Dies ist das größte und wichtigste Gebot. Ein zweites ist ebenso wichtig: Liebe deine Mitmenschen wie dich selbst." (Matthäus, 22,37-39)
  Für jüdische Ohren war das übrigens keine beson-

ders originelle Aussage. Denn Jesus zitiert damit nur eine entscheidende Stelle aus der jüdischen Thora, dem jüdischem Gesetz, niedergeschrieben im 3. Buch Mose, 19,18. Die wichtigste Handlungsanweisung für Christen – ist jüdisch. Christen haben also keineswegs einen Alleinvertretungsanspruch in Sachen Nächstenliebe! *Alle* Weltreligionen kennen sie als Ideal, und alle kennen das leidvolle Dilemma zwischen Anspruch und Wirklichkeit. Doch Sie wissen, was passiert, wenn man mit dem ausgestreckten Finger auf die anderen zeigt. Ich möchte mich erst mal um die drei Finger kümmern, die dabei auf mich selbst zeigen.

Zweitausend Jahre sind lang genug, um zu fragen: Sind die Christen ihrem Anspruch gerecht geworden? Haben Christen entsprechend ihrem Liebesideal die Welt verbessert?

„Ihr Sklaven, gehorcht euren Herren!", befahl der christliche Theologe Paulus seinen Mitchristen im ersten Jahrhundert. Über viele Jahrhunderte hinweg haben sich Christen problemlos mit der Leibeigenschaft und Versklavung von Menschen arrangiert. Seltsamerweise waren es dann plötzlich ebenfalls Christen, die schließlich an vorderster Front mit jenen kämpften, die sich für die Abschaffung der Sklaverei einsetzten. Wie das? Weil diese Christen erkannten, dass derselbe Paulus auch eine andere Aussage gemacht hat: „Es spielt keine Rolle mehr, ob ihr Sklaven oder freie Menschen seid" – vor Gott sind alle Menschen gleich (nach Galater 3,28). Und weil sie diese Aussage für wichtiger und grundsätzlicher hielten als das Gehorsamsgebot für die Sklaven, darum engagierten sie sich nun für die Befreiung der Versklavten.

Haben Christen die Welt verbessert? Im Namen Gottes ermordeten Christen Andersgläubige, Männer, Frauen und Kinder in den Kreuzzügen oder bei der Kolonisierung Lateinamerikas; und es waren zu wenige Christen, die im Namen Gottes dagegen protestierten. Im Namen Gottes entwickelten Christen aber auch eine gesellschaftliche Kultur der Barmherzigkeit, wurden fromme Pietisten zu Vorreitern einer besseren Schulausbildung für Kinder aus ärmsten Verhältnissen, gründeten Ordensfrauen Waisenhäuser und Sterbehospize, opferten an Christus glaubende Menschen sich auf für die Pflege Armer und Kranker, im Namen Gottes kämpften sie unverdrossen für die Rechte und Würde behinderter Menschen.

Es wäre schlechter um diese Welt bestellt ohne das millionenfache uneigennützige und liebevolle Engagement von Christen aller Konfessionen. Es wäre besser um diese Welt bestellt, wenn Christen nicht auch millionenfach das Liebesgebot Jesu mit Füßen getreten hätten. Von „unterlassenen Hilfeleistungen" ganz zu schweigen, obwohl die nach § 323c StGB sogar strafbar sind.

Bilder einer besseren Welt

Lohnt es sich denn überhaupt, über das christliche Liebesverständnis nachzudenken, wenn es so oft an der Wirklichkeit gescheitert ist? Ich glaube: Ja. Es lohnt sich, weil die christlich-jüdische Tradition in unserer pseudoliberalen Ellenbogen-Gesellschaft die lebensfreundlichen Träume und Visionen einer besseren Welt wachhält und immer wieder wachruft!

Eine „bessere Welt"? Das wäre doch eine, in der Menschen friedlich beieinander wohnen. In der sie einander nicht nach den eiskalten Gesetzen des Marktes gegenseitig ausbeuten, sondern Rücksicht aufeinander nehmen. In der den Armen geholfen wird und die Reichen zu teilen lernen. In der die Natur nicht zerstört, sondern als anvertrauter Garten gepflegt und erhalten wird. In der verletztes und behindertes Leben die gleiche Achtung und Würde erfährt wie die sogenannten Gesunden. In der Mann und Frau, Schwarze und Weiße, alle Nationen sich mit Wertschätzung und Liebe begegnen.

Dass die Welt anders werden müsste, wissen wir, weil wir Bilder einer besseren Welt vor Augen haben. Doch diese Traum-Bilder einer „besseren" Welt haben wir uns nicht selber ausgedacht. Sie waren schon vor uns da. Es sind Bilder aus der christlich-jüdischen Überlieferung.

Ein Grundgedanke des Sozialismus ist – zumindest in der Theorie – die „gerechte" Aufteilung des Eigentums. Gerecht heißt nicht: Alle kriegen gleich viel, sondern alle kriegen so viel, wie sie brauchen – die Familie mit vier Kindern also mehr als der Single-Haushalt. Die Idee ist fast wörtlich geklaut aus Apostelgeschichte 2,45, wo das Leben der ersten christlichen Gemeinde beschrieben wird: „Immer wieder verkauften sie Grundstücke oder sonstiges Eigentum. Sie verteilten den Erlös an alle Bedürftigen, je nachdem, wie viel jemand brauchte."

Diese alten Bilder der Liebe bleiben der ständige Einspruch gegen die Verletzung des Lebens durch Selbstsucht und Lieblosigkeit. Und sie halten die Hoffnung wach, dass die Welt ganz anders sein könnte.

Gott ist Liebe

Aber muss man denn an Gott glauben, um das Gebot der Nächstenliebe gut zu finden? Natürlich nicht. „Was du nicht willst, das man dir tu, das füg auch keinem andern zu!" Um diesen lebensklugen Rat zu befolgen, brauchen Sie keinen Gott. Aber Gott will Sie gebrauchen, um diese Welt zu verändern. So verstehen Christen die Nächsten-Liebe.

„Das ist das Fundament der Liebe: nicht, dass wir Gott geliebt haben, sondern dass er uns geliebt ... hat. Meine Freunde, da Gott uns so sehr geliebt hat, sind auch wir verpflichtet, einander zu lieben." (1. Johannes 4, 10a.11)

Wenn wir vom christlichen Verständnis der Liebe

reden, dann betreten wir einen anderen Raum – einen Raum, der längst da ist, weil Gott ihn geschaffen hat. Christen betrachten die Liebe nicht als ein Geschehen von Mensch zu Mensch, sondern immer in einer Dreiecksbeziehung. Liebe ist für sie immer ein Geschehen zwischen Gott, mir und dem anderen. Weil sie daran glauben, dass Gott die Wurzel, der Urgrund, die Quelle aller Liebe ist.

„Meine Freunde, wir wollen einander lieben, denn die Liebe hat ihren Ursprung in Gott, und wer liebt, ist aus Gott geboren und kennt Gott. Wer nicht liebt, hat Gott nicht erkannt, denn Gott ist Liebe." (1. Johannes 4,7-8)

Das ist radikal. Es gibt keine Gottesbeziehung ohne liebevolle Beziehungen zu Menschen. Lieblosigkeit ist Gottlosigkeit. Haben Christen die Welt verbessert? Die Antwort auf diese Frage führt nicht weit genug. Fühlen sich Christen noch angesprochen, hinterfragt und herausgefordert von *Gottes* Liebesgebot? Das ist die brennende Frage an alle, die sich als Christen verstehen. Da geht es um die Wurzeln des Glaubens.

Das Hohelied der Liebe

„Wenn ich mit Menschen- und mit Engelszungen redete und hätte die Liebe nicht, so wäre ich ein tönendes Erz oder eine klingende Schelle.

Und wenn ich prophetisch reden könnte und wüsste alle Geheimnisse und alle Erkenntnis und hätte allen Glauben, sodass ich Berge versetzen könnte, und hätte die Liebe nicht, so wäre ich nichts!

Und wenn ich alle meine Habe den Armen gäbe und meinen Leib dahingäbe, mich zu rühmen, und hätte die Liebe nicht, so wäre mir's nichts nütze."

Die ersten Verse aus einem der schönsten Gedichte der Weltliteratur: das Hohelied der Liebe, wie es Paulus im 1. Korintherbrief, Kapitel 13 überliefert hat.

Die engagierte persönliche Aufopferung für die Armen, die intensive Spiritualität, der starke Glaube, der kritisch geschulte Durchblick, der prophetische Weitblick – alles nichts ohne die Liebe. Sagt Paulus. Doch damit nicht genug. Er beschreibt auch, von welcher Liebe er spricht. Die Praxis christlicher Liebe:

„Die Liebe ist langmütig und freundlich.
Die Liebe eifert nicht."

Die Liebe eifert nicht? Gerade Menschen, die von einer religiösen Wahrheit zutiefst überzeugt sind, wurden und werden immer wieder zu ungenießbaren und gefährlichen Eiferern für ihre vermeintlich gute Sache. Doch die Liebe eifert nicht, sagt Paulus.

Ist das ein Plädoyer gegen starken Glauben?

Mitnichten! Es ist ein Plädoyer für das langmütige Zuhören-Können, wenn einer anders denkt als ich. Ein Plädoyer gegen Feindbilder, für einen nicht feindseligen, sondern erst einmal freundlichen Umgang mit der anderen Meinung.

Toleranz bedeutet hier gerade nicht, dass alle Meinungen eh gleich gültig und damit vollkommen gleichgültig werden. Toleranz bedeutet, dass die ganz andere Meinung, auch der ganz andere Glaube das Recht hat, zu Wort zu kommen und gehört zu werden. Sie müssen nicht den Glauben Ihrer muslimischen Nachbarn teilen, um muslimischen Menschen in Liebe zu begegnen. In Liebe, das heißt: „langmütig und freundlich".

„Die Liebe bläht sich nicht auf, sie sucht nicht das Ihre."

„Gebt den Kindern das Kommando! Sie berechnen nicht, was sie tun!" So hat es Herbert Grönemeyer einmal gesungen. Er kannte meine Tochter noch nicht, kann ich da nur sagen. Trotzdem ein toller Satz: „Sie berechnen nicht, was sie tun!" Diese Republik quillt über von aufgeblähten Selbstdarstellern. Was uns fehlt, sind Menschen, die einmal *nicht* berechnen, was sie tun, die eben nicht nur „das Ihre" suchen.

„Die Liebe sucht nicht den eigenen Vorteil." Paulus redet von einer Liebe jenseits unserer Kosten-Nutzen-Rechnung. Besonders im Matthäus-Evangelium wird dieser Wesenszug der Liebe immer wieder betont: „Lass deine Linke nicht wissen, was die Rechte tut!" Den Spruch kennen Sie. „Wenn du nun Almosen gibst, sollst du es nicht vor dir ausposaunen lassen, wie es die Heuchler tun!" (Mt 6,2) Weil die Liebe sich nicht aufbläht und nicht auf den eigenen Vorteil schielt.

„Die Liebe lässt sich nicht erbittern! Die Liebe rechnet das Böse nicht zu."

Ja, Moment! Jetzt sollen wir also auch noch die Mörder und Triebtäter entschuldigen, oder was? Nein, keineswegs! Schuld nicht wegzuwischen, sie nicht zu bagatellisieren, sondern das Böse zu enttarnen, es beim Namen zu nennen – das gehört zum Kern des christlichen Glaubens.

„Dicit quod res est", hat Martin Luther mal in schönstem Latein formuliert. Ein Christ „sagt, was Sache ist."

Die Probleme entstehen, wenn wir versuchen, die Schuld und das Böse gegeneinander aufzurechnen, was ja viel zu oft schon in unseren heimischen Vorgärten beginnt. Sie wissen sofort, was ich damit meine, wenn Sie nur einmal miterlebt haben, wie ein banaler Streit zwischen Nachbarn eskalieren kann. Anfangs beschwert sich einer über die hässlichen, großen Gartenzwerge des Nachbarn, der andere kontert mit den Baumzweigen, die über seinen Zaun ragen und seinen schönen Rasen mit Laub zumüllen. Am Ende ziehen sie deswegen wütend vor Gericht.

Die Probleme beginnen, wenn wir einen schuldig gewordenen Täter *nur noch* über seine Tat definieren und auf das Böse festlegen. So wird ein Mensch ent-menschlicht und zum „Sex-*Monster*". Doch wie würden Sie über diesen Menschen denken, wenn es Ihr Neffe oder Sohn wäre? Was könnte das bedeuten: Die Liebe rechnet das Böse nicht zu!?

Vor einigen Jahren habe ich einen Film über den Maßregelvollzug gedreht. Dort werden Straftäter gesichert untergebracht, die ein Gericht für vermindert schuldfähig erklärt hat. In einer langjährigen, zeitlich unbefristeten Therapie werden die Täter mit ihrer Schuld- und Deliktgeschichte konfrontiert, müssen lernen, Verantwortung für ihre Taten zu übernehmen. Viele brechen unter dieser Last förmlich zusammen. Haben diese Menschen eine neue Chance verdient?

„Wenn Vergebung nicht nur ein Wort aus meinem kirchlichen Sprachgebrauch ist, dann ist dieser Ort hier die Probe, es auch zu glauben!" Das sagte mir Pfarrerin Beate D. Sie arbeitet als Seelsorgerin unter den Tätern in der geschlossenen Abteilung. Während der Dreharbeiten brach sie einmal in Tränen aus, als sie über die Hoffnungslosigkeit dieser Menschen erzählte.

Ich sagte ihr: „Sie sind der erste Mensch, den ich getroffen habe, der über Sexualverbrecher weinen konnte." Später meinte mein Kameramann, dass er die Tränen der Seelsorgerin nicht vergessen könne, und dann sagte er einen Satz, der mir unvergesslich bleiben wird: „Wer die Menschen liebt, muss weinen."

Im Neuen Testament wird einmal geschildert, was Jesus empfand, als er die Verletzungen und Angst vieler Menschen seines Volkes hautnah erlebte. Martin Luther übersetzte die Reaktion Jesu mit nur drei Wörtern: „Es jammerte ihn." (Mt. 9,36)

Wer die Menschen liebt, sagt ihnen auch, „was Sache ist"; Schuld und Verbrechen dürfen nicht beschönigt und wegerklärt werden. Doch wer die Menschen liebt, der schreibt sie nicht ab.

Zyniker haben keine Tränen mehr. Aber die Liebe gibt keinen Menschen auf.

> „Die Liebe hört niemals auf,
> wo doch das prophetische Reden aufhören wird
> und die Erkenntnis aufhören wird.
> Denn unser Wissen ist Stückwerk
> und unser prophetisches Reden ist Stückwerk.
> Wenn aber kommen wird das Vollkommene,
> so wird das Stückwerk aufhören." (1. Kor. 13, 8-11)

Das ist der Horizont, in den Paulus das christliche Verständnis der Liebe stellt: Was wir wissen und erkennen können, ist nichts als Stückwerk. Was wir aufrechnen und bilanzieren können, geht vorüber. Nur „die Liebe hört niemals auf".

Dahinter steht für Paulus eine tiefe Zuversicht: Gott selbst wird das zu einem Ganzen machen, was wir mit seiner Hilfe bruchstückhaft anfangen! Gott selbst wird vollenden, was wir stückchenweise begonnen haben. Lasst euch nicht entmutigen! Egal, was ihr von der Welt erkennt und wisst, egal, wie dunkel sie manchmal scheint – wir lieben nicht vergebens.

Und dann schreibt Paulus noch diesen folgenschweren Satz:

„Nun aber bleiben Glaube, Hoffnung, Liebe, diese drei – aber der Glaube ist die Größte unter ihnen!"

Ja, könnte man meinen. Doch ich hoffe, Sie sind nun gerade beim Lesen gestolpert. Denn wenn Sie morgen wieder mit der engagierten Zuversicht ihrer Glaubensüberzeugungen an die Arbeit gehen, dann nehmen Sie bitte den Satz mit, den Paulus wirklich geschrieben hat:

„Aber die Liebe ist die Größte unter ihnen."

Alles Liebe

Wie der alte Mann den Garten pflegt,
wie er Blumensamen in die Erde legt.
Wie er vorsichtig die Tulpen gießt,
wie er Blatt für Blatt mit zarter Hand verliest.
Wenn ein Pärchen durch den Park spaziert,
wenn er sie umarmt und sanft ihr Haar berührt.
Wenn ein Kind mit allen Bonbons teilt,
wenn ein Freund dem anderen zu Hilfe eilt.

Wie die blinde Frau nach oben sieht,
wo ein Regenbogen in den Wolken glüht.

Wie ein Mädchen ihr das Bild beschreibt,
bis der Wind die Farben auseinandertreibt.
Wenn zwei Nachbarn sich gemeinsam traun,
ihren Jägerzaun einfach abzubaun.
Wenn die Kinder nun zusammen spielen
und die Väter gleich für alle Würstchen grilln.
Wie das Baby sich ins Leben schreit.
Seine Mutter wiegt es voller Zärtlichkeit.
Wie der Mann die Nabelschnur durchtrennt,
wie er lachend mit dem Kind durchs Zimmer rennt.
Wie die Hirten vor der Krippe stehn
und kaum glauben wolln, was ihre Augen sehn.
Wie der Himmel auf die Erde kommt,
wie Gott selber nun bei seinen Menschen wohnt, -

Das ist alles Liebe.
Parle moi d'amour.
Alles das ist Liebe.
All you need is love, my baby,
heute and tomorrow et toujours.

11 Der tägliche Abschied – Warum werden Kinder so schnell groß?

Unsere Tochter Dana war dreizehn, als sie eines Tages beschloss, nun zu alt zu sein für den ganzen Kinderkram in ihrem Zimmer. Sie fing an auszumisten. Aus irgendeiner, mir völlig unerklärlichen Laune heraus, hielt meine Frau das Ganze für eine gute Idee.

Nun sitzen sie beide im kompletten Chaos und zerren immer weitere Kisten, halb zerquetschte Pappkartons und verstaubte Schachteln aus der ungeahnten Tiefe des Raumes hervor. Nur ... zum Aufräumen kommen sie natürlich nicht. Stattdessen dringt aus dem Zimmer immer wieder schallendes Gelächter.

„Papa, komm mal runter!", ruft meine Tochter. „Das musst du dir angucken!"

Ich kämpfe mich zu den beiden vor, rutsche auf uralten Comics aus, steige über zerfledderte Bilderbücher, Buntstift-Zeichnungen und jede Menge weiterer frühkindlicher Kunstwerke, bis Dana mir eines davon kichernd vor die Nase hält: Es sind acht zerknickte Blätter, mit Kugelschreiber gestaltet. Oben auf Seite 1 steht in großen Lettern:

„DANAS Retzel Buch. Dana wiel mit 7 Jahren ein Buch Herstelen mit der Hand und dem Kopira. Natürlich nur zum ausBrobirn."

Meine Tochter ist ganz gerührt und mustert ihr eigenes kleines „Retzel Buch" wie einen Ausgrabungsfund aus prähistorischer Zeit:

„Ist das nicht süüüüüß, Papa? So haben wir das damals auf der Grundschule gelernt: Alles so schreiben, wie man spricht."

„Genau, stimmt ja", murmele ich versonnen. „So war das", und denke daran, dass „damals" noch keine fünf Jahre her ist. Eine kleine Ewigkeit …

Und da ist sie wieder, diese leise Melancholie, die ich kennenlernte, als unsere einzige Tochter in die Schule kam.

Schulweg

Jedes Mal am Morgen ist es fast das gleiche Spiel.
Komm und pack dein Pausenbrot noch ein.
Habt ihr heute Sport? Und nimm die Mütze. Es ist kühl.
Los, du willst doch nicht die Letzte sein.

Jeder neue Morgen ist ein kleiner Schritt voran.
In der Hektik leicht zu übersehn.
Doch wenn ich ihr winke, seh ich ihrem Gang schon an:
Bald wird sie auf eignen Wegen gehn.

Und lange schau ich ihrem Ranzen hinterher,
bis er wippend um die Häuserecke biegt.
Ein wenig traurig schließ ich dann die Wohnungstür.
Und ich frag mich manches Mal, woran das liegt.

Geht mein Herz nicht mit ihr in die Schule?
Muss noch lernen, wie man Abschied nimmt
von den Bildern unsrer kleinen Kinder,
die schon morgen große Kinder sind.

Und lange seh ich
ihrem Ranzen hinterdrein,
bis er wippend um die Häuserecke biegt.
Dort geht sie fröhlich
in den neuen Tag hinein.
Gottes Engel mögen bei ihr sein!

Ich fange an, mich zu fragen: Kann man und frau dieses Abschiednehmen eigentlich üben? Zumindest eines ist erst mal sicher: Wenn Sie Kinder haben, bleibt Ihnen keine Wahl. Sie müssen – wohl und übel – lernen, sich zu verabschieden, jeden Tag ein bisschen mehr loszulassen, was Ihnen lieb und teuer ist.

Warum fällt uns Vätern und Müttern das eigentlich so schwer? Schließlich wollen wir doch alle unsere Kinder zu selbstständigen Menschen erziehen. Da müsste es doch die reine Freude sein zu erleben, wie rasant die Kleinen groß werden, anfangen, ihre eigenen Entscheidungen zu treffen, Stück für Stück mehr Verantwortung für sich selbst übernehmen.

Sicher, ist ja alles richtig. Aber daneben spürt man eben auch, dass jeder eigene Schritt unserer Kinder auch ein Schritt weiter weg von uns Eltern ist. Sie brauchen uns, ihre treu sorgenden Erzeuger, jeden Tag ein bisschen weniger. Und das ist gut so. Eigentlich. Es fühlt sich aber nicht gut an.

Eine Freundin erzählte uns, wie sie ihrer zwanzigjährigen Tochter beim Umzug in die erste eigene Wohnung in einer anderen Stadt geholfen hat. Irgendwann war das Ein-Zimmer-Appartement wohnlich eingerichtet. Sie gingen zusammen essen. Dann fuhr die Mutter allein nach Haus:

„Und das war es nun! Schluss, aus, vorbei! Dabei ist sie doch vor Kurzem erst geboren, oder nicht? Im Moment fühl ich mich unglaublich alt. Todtraurig und freudig zugleich "

Schöner könnte ich diesen Gefühlscocktail nicht beschreiben. Kein Wunder, werden Sie sagen. Schließlich ist das „Empty-Nest-Syndrom" ja auch als *Frauen*-Krankheit berühmt geworden. Mag sein. Aber glauben Sie mir, meine Damen: Wir postmodernen Väter haben in Sachen Empfindsamkeit gewaltig aufgeholt. Wir lassen es uns nur selten anmerken.

Was hilft beim Abschied? – Ihn zu feiern hilft. An diesem Punkt ist sich jedenfalls die Menschheit rund um den Globus seit Jahrtausenden vollkommen einig. Und veranstalte zumindest einmal im Leben des Kindes ein entsprechendes Fest.

Die Aborigines in Australien feiern es, genauso wie die Babunti in Afrika oder die Urwald-Indianer im Amazonas. In der DDR hieß es Jugendweihe und wird auch ohne DDR im Osten heute noch gefeiert. Die Katholiken nennen es Firmung, die Protestanten Konfirmation, die Juden „Bar Mitzwa", das heißt „Sohn des Gebotes". Für die Mädchen heißt es entsprechend „Bat Mitzwa". Bei den Freikirchen heißt es „Bibelunterrichts-Entlassungsfeier". Aber macht ja nichts. Denn eigentlich feiern alle überall auf der Welt von der Steinzeit bis heute stets dasselbe.

Der ganze Stamm versammelt sich ums Lagerfeuer und verkündet hochoffiziell, auch im Namen des Häuptlings, den entscheidenden Satz: „Mönsch, wat biste groß geworden!"

Soziopädagogen sprechen hier wissenschaftlich korrekt von einem „Initiationsritus" oder „Übergangsritual". Im Klartext bedeutet das:

„Ab heute, liebes Kind, bist du in den Augen deines ganzen Stammes kein Kind mehr!"

Warum wohl bestehen so viele kirchlich längst entwöhnte Eltern darauf, ihre Kinder konfirmieren zu lassen? Bestimmt nicht zuerst deshalb, damit die Kinder Luthers Katechismus lernen. Es ist die Sehnsucht, den Übergang zu feiern. Ein Ritual zu haben, eine Form, einen Ort, einen Zeitpunkt für ein traurig-frohes Fest, um Abschied zu nehmen und den neuen Lebensabschnitt zu begrüßen. Und dieses Fest, in welcher Form auch immer, ist für die Eltern mindestens genauso wichtig wie für die Kinder.

Aber ich meine: Ein einziges Fest genügt nicht. Wo bleiben denn da all die anderen kleinen und großen Übergänge, Abschiede und Neuanfänge, die gewürdigt werden wollen, vom ersten Wackelzahn bis zur Führerscheinprüfung? Wo sind die hilfreichen Rituale, Formen und Gesten für den täglichen Abschied von unseren kleinen Kindern, die jedes Mal ein bisschen größer wieder nach Hause kommen?

„Ich bin in einer sehr kinderreichen katholischen Familie aufgewachsen", erzählte mir ein Bekannter aus Köln. „Und es gab bei uns in der Familie ein Ritual: Abends vorm Schlafengehen und später auch, wenn man als Teenager allein in Urlaub fuhr, haben meine Eltern uns mit dem Daumen so ein Kreuz auf die Stirn gemalt. Mit den Worten: ‚Gott schütze dich!' Das war für mich eine unheimlich wohltuende und behütende Erfahrung."

Dieser kleine alltägliche Segen ist schön und tröstlich. Das möchte ich als Christ meiner Tochter auch noch öfter sagen: „Wohin du auch gehst, du bist nicht allein!"

Vielleicht wäre es gut, diesen alten Schatz der christlichen Tradition neu zu entdecken und einander viel öfter und selbstverständlicher zu segnen. Nicht als Beschwörungsformel oder verbalen Glücksbringer, sondern als ermutigende Erinnerung für unsere Herzen, wenn wir einander die große Verheißung des Glaubens immer neu zusprechen: „Gott begleite dich! Deine und meine Zeit steht in seinen Händen!"

Es gibt viele kostbare und unwiederbringliche Augenblicke im Leben mit unseren Kindern. Wir würden sie gern festhalten. Die Geste des Segens kann helfen, den Augenblick loszulassen, weil wir ihn gut aufgehoben wissen in Gottes Hand. Denn von dort haben wir ihn ja auch geschenkt bekommen.

Im Zimmer meiner Tochter ist es mittlerweile seltsam still geworden. Als ich nachschaue, finde ich meine beiden Frauen komplett erledigt auf der Matratze. Das Kinderbett ist abgebaut, sämtliche Möbel wurden neu arrangiert. Es gibt jetzt auch eine gemütliche Leseecke für Dana. Daneben steht kistenweise Zeug, das meine Tochter den „lieben Kleinen" aus der Nachbarschaft schenken will. Sie braucht den ganzen Kinderkram nicht mehr. Ich stehe und staune.

„Sag mal, Papa", murmelt meine Tochter, „hattest du nicht versprochen, zur Feier des Tages Lasagne zu machen? Wir haben Kohldampf!"

Stimmt ja, das hatte ich wohl versprochen … Ich verlasse das fremde Zimmer, das eben noch ein Kinderzimmer war, verschwinde in der Küche und denke, dass Dana vollkommen recht hat: Dieser Tag muss noch gebührend gefeiert werden.

12 Josef und seine Brüder –
Eine göttliche Komödie

Es soll ja vorkommen, dass es in unseren Familien zu Hause – vorsichtig formuliert – mal nicht so richtig rundläuft. Kaum zufällig heißt ja eine reißerische Doku-Soap auf RTL „Familien im Brennpunkt". Die dort geschilderten Konflikte sind zwar alle frei erfunden, aber viele von uns wissen aus leidvoller Erfahrung, dass die Wirklichkeit so manches Mal noch heftiger ist als die Fiktion. Dann ist guter Rat teuer. Und gesucht wird nach glaubwürdigen Vorbildern, die aufzeigen, wie es daheim besser laufen könnte.

Christen werden solche Vorbilder für harmonisches Familienleben in der Bibel finden – sollte man meinen. Aber weit gefehlt. Denn die Bibel erzählt zwar viele Familien-Geschichten, doch die liefern überwiegend eindrucksvolle Beispiele dafür, wie man es bitte *nicht* machen sollte. Dennoch – oder vielleicht gerade deswegen – lohnt es sich, die biblischen „Brennpunkt Familie"-Storys aufmerksam zu lesen. Ich verspreche, Sie werden dabei Ihr blaues Wunder erleben. Denn „Wunder" ist auch die Steigerung von „wund".

Die bis heute populärste dieser Geschichten wird in Genesis 37-50 geschildert. Sie inspirierte Thomas Mann zu einem Roman und Andrew Lloyd Webber zu einem seiner ersten großen Musicals: „Joseph and the Amazing Technicolor Dreamcoat". Und sie berichtet von äußerst zwielichtigen Gesellen, Lügnern und Betrügern. Ein familiäres Drama, geprägt von Eitelkeit, Hass und Eifersucht und der ständigen Angst, zu kurz zu kommen.

Und bis heute sagen die Juden: Aus diesem Haufen gebrochener Existenzen ist Gottes Volk Israel entstanden. Doch nicht nur das. Das Matthäusevangelium beginnt mit dem Stammbaum Jesu. Unter den Vorfahren des Jesus aus Nazareth werden Sie eine ganze Reihe dieser fragwürdigen Gestalten wiederfinden. Ich finde das nicht nur bemerkenswert, sondern ungeheuer tröstlich: Gott schreibt Geschichte nicht mit vorbildhaften, moralisch integren Helden des Glaubens, sondern mit wankelmütigen, schwachen und fehlerhaften Menschen.

Patchworkfamilie

Die Ausgangslage der Erzählung: Vater Jakob hat zwölf Söhne von vier Frauen. Seine ungeliebte erste Frau Lea hat ihm sechs Söhne geboren. Seine heiß geliebte zweite Frau Rahel nur zwei: den mittlerweile siebzehnjährigen Josef und den gerade erst geborenen Benjamin, bei dessen Geburt Rahel gestorben ist. Fehlen noch vier. Diese vier zeugte Jakob auf Anweisung seiner Frauen mit deren Hausangestellten, zwei mit Bilha und weitere zwei mit Silpa. Man muss kein

Psychologe sein, um zu ahnen: In dieser seltsamen Patchwork Familie sind Konflikte vorprogrammiert.

Und dann tut Vater Jakob auch noch genau das, was kein Vater tun sollte: Er bevorzugt und verhätschelt Josef, den Sohn seiner geliebten Rahel, so offensichtlich, dass die anderen Brüder allen Grund haben, sauer zu sein. Als Einziger bekommt Josef vom Vater ein teures, farbenprächtiges Gewand geschenkt. Und Josef ist auch noch so dumm, seine Brüder ständig beim Vater zu verpetzen, wenn sie etwas ausgefressen haben. Doch damit nicht genug. Denn dann hat Josef seine zwei berühmten Träume: Er träumt von Korngarben auf einem Feld. Und wie die Garben seiner Brüder sich vor Josefs hoch aufgerichteter Garbe tief verneigen. Später träumt er, wie sich Sonne, Mond und elf Sterne vor ihm verneigen. Danach tut er sogleich, was er besser gelassen hätte: Brühwarm erzählt er diese Träume seinen Brüdern und seinem Vater.

Beim zweiten Traum platzt sogar seinem Vater der Kragen. Die Brüder aber hassen Josef nun aus vollem Herzen. Und Josef hat auch alles dafür getan, dass es so weit kommen musste. Ein sympathischer Mensch ist dieser eitle Siebzehnjährige wahrhaftig nicht.

Versöhnung unmöglich?

Ist in einer dermaßen verkorksten, von Eitelkeit, Hass und Eifersucht zerfressenen Familie Versöhnung überhaupt noch möglich?

In der Erzählung jedenfalls geschieht nun das Gegenteil von Versöhnung: Als Josef im Auftrag des Vaters seine Brüder beim Schafehüten auf dem Feld besucht, beschließen sie, ihn zu töten. Das aber geht dem ältesten Bruder Ruben zu weit. Auch sein Bruder Juda ist gegen den Mord, schlägt aber vor, Josef als Sklaven an vorüberziehende Händler zu verkaufen. Sie ziehen Josef sein teures Gewand aus, Josef wird nach Ägypten verschleppt und landet als Sklave bei Potifar, einem gut situierten Hofbeamten des Pharao. Die Brüder aber haben ein Problem: Wie sollen sie Vater Jakob das Verschwinden Josefs erklären?

Also schlachten sie kurzerhand einen Ziegenbock, tauchen Josefs Gewand in das Blut und zeigen es ihrem Vater mit den Worten: „Das hier haben wir gefunden!" Jakob ist entsetzt und glaubt, ein wildes Tier habe seinen Lieblingssohn zerrissen. Die Brüder betrügen ihren Vater Jakob mit dem Blut eines Ziegenbocks. Und Jakob ahnt nicht, dass er genau jetzt von seiner eigenen Vergangenheit eingeholt wird.

Denn auch Jakob selber hat als junger Mann schon seinen Vater Isaak mithilfe eines Ziegenbocks betrogen (nachzulesen in Genesis 27). Jakob hatte einen Zwillingsbruder Esau, der kurz vor Jakob als Erstgeborener zur Welt kam. Mutter Rebecca bevorzugte Jakob. Und die Tradition besagte: Wer den Segen des Vaters Isaak bekommt, der wird das neue Familienoberhaupt. Von Amts wegen also Esau, der Erstgeborene. Ein Mann mit stark behaarten Armen, ein wichtiges Detail. Isaak ist im Alter erblindet. Nun will er seinem Sohn Esau den entsprechenden Segen erteilen. Doch Rebecca und Jakob denken sich eine raffinierte List aus. Jakob bedeckt seine Arme mit dem behaarten Fell eines Ziegenbocks und gibt sich gegenüber dem Vater als Esau aus. Isaak fällt darauf herein und segnet Jakob statt Esau. Als der Betrug auffliegt, ist es zu spät, denn der Segen ist unwiderruflich.

Durch den Betrug mit einem Ziegenbock wurde Jakob zum Familienoberhaupt. Jahrzehnte später betrügen ihn seine eigenen Söhne mit dem Blut eines Ziegenbocks.

Sind wir Sklaven unserer Familiengeschichte?

Sind wir alle vom Schicksal verdammt dazu, die Fehler unserer Vorfahren zu wiederholen? In Jakobs Familie wird die Geschichte von Lug und Betrug fortgeschrieben. Sie werden die Vergangenheit nicht los.

Meine Frau macht in ihrer Arbeit in der Familienberatung des Öfteren die Erfahrung: Wenn der Vater einer Familie besonders gewalttätig ist, dann ist auch der Sohn, der diese Brutalität schmerzhaft erfahren hat, äußerst gefährdet, später ebenfalls gewalttätig zu werden, weil er sich auf makabre Weise mit dem Vater identifiziert. Gibt es keinen Ausweg aus diesem Teufelskreis? Sind wir Sklaven unseres Familienschicksals, wie es in den großen griechischen Tragödien immer wieder erzählt wurde?

Die Antwort der biblischen Erzählung über Jakobs Familie: Ja, so ist es. Aber glücklicherweise ist die Geschichte ja noch nicht zu Ende, auch wenn Versöhnung nun wahrhaftig schwer vorstellbar ist.

Es wird also dringend Zeit zu erfahren, wie es Josef in Ägypten eigentlich ergeht. Doch genau das erzählt die biblische Geschichte erst einmal nicht. Stattdessen folgt ein langes Kapitel über Josefs Bruder Juda, den Mann, der dafür gesorgt hat, dass Josef nach Ägypten verkauft wurde. Juda macht als einziger der Brüder eine tiefgreifende Lebenserfahrung, die sehr viel später den gesamten Verlauf der Geschichte auf den Kopf stellen wird.

Meine dritte Frage: Was hält Gott von alledem? Die Antwort ist: Wir wissen es nicht. Von Gott bis hierhin kein Kommentar, außer seinem Schweigen. In der gesamten Josefs-Geschichte redet Gott nicht ein einziges Mal persönlich zu Josef.

In Genesis 39 erfahren wir endlich, was aus Josef in Ägypten geworden ist: Josef macht schnell Karriere im Haus des Ministers Potifar. Josef wird seine rechte Hand, und ihm gelingt alles, was er anpackt. Warum? Die knappe Antwort der Erzählung lautet: „Weil Gott mit Josef war."

Womit hat sich Josef eigentlich diese besondere Gunst Gottes verdient? Denn als verzogener Lieblingssohn Jakobs zeigte er zumindest menschlich keine besonderen Qualitäten. Die Geschichte erklärt nicht, warum Gott Josef seine Gunst erweist. Sie stellt einfach fest, dass es so ist.

Alles läuft super für Josef, bis Potifars Frau ein Auge auf ihn wirft. Die Episode ist weltberühmt. Josef widersteht ihren Verführungskünsten. Das nimmt die Frau ihm übel. Und sinnt auf Rache. Gegenüber ihrem Mann behauptet sie, Josef habe versucht, sie zu vergewaltigen. Das Ende vom Lied: Der eben noch so erfolgreiche Josef wird unschuldig ins Gefängnis geworfen und kann noch froh sein, dass er mit dem Leben davonkommt. Als hebräischer Sklave im ägyptischen Knast – tiefer kann man nicht sinken.

Wir erfahren nichts darüber, ob Josef mit seinem Schicksal im Knast gehadert hat, ob er Gott um Hilfe anflehte, nichts dergleichen. Nur der lapidare Hinweis: Gott war immer noch mit Josef, der zwar vorerst im Gefängnis bleibt, aber auch dort sofort das Vertrauen seiner Wärter gewinnt.

Nach allerhand Umwegen macht Josef ausgerechnet als Traumdeuter steile Karriere am Hof des Pharao. Das hat schon fast etwas unerwartet Komisches, wenn man bedenkt, dass Josef sich mit seinen Traum-Berichten bei seinen Brüdern die ganze Suppe erst so richtig eingebrockt hatte.

Der Pharao aber ist begeistert, weil Josef ihm seine Träume deuten kann. Josef prophezeit sieben fruchtbare Jahre mit reicher Ernte, gefolgt von sieben katastrophalen Jahren der Hungersnot. Und Josef überzeugt den Pharao mit einem klugen Plan: Er soll die fruchtbaren Jahre nutzen, um ausreichend Vorräte für die Zeit der Dürre anzulegen. Ein so guter Plan, dass der Pharao Josef zum Manager der ganzen Sache macht. Und das Beste daran:

Der Plan geht sogar auf. Nach den sieben fruchtbaren Jahren kommt die Dürre. Sie trifft alle Länder, bis auf die Ägypter, die dank Josef vorgesorgt haben. Das spricht sich schnell herum, auch bis zu Jakob und seinen Söhnen. Jakob schickt sie nach Ägypten, um Vorräte einzukaufen. Nur seinen jüngsten Sohn Benjamin schickt er nicht mit. Jakob hat Angst, dass ihm etwas passieren könnte. Zur Erinnerung: Benjamin ist der zweite Sohn seiner Lieblingsfrau Rahel. Und Jakob meint, auch noch Benjamin zu verlieren, würde er als Vater nicht überleben.

Eingeholt von der Vergangenheit

So kommt es, dass die Brüder als Bittsteller bei Josef in Ägypten eintreffen. Der Beginn eines langen Versteckspiels, denn die Brüder erkennen Josef nicht, Josef seine Brüder aber sehr wohl. Mit reichen Vorräten und einem fatalen Auftrag schickt Josef seine Brüder zurück zu Jakob: Die Brüder sollen beweisen, dass sie nicht als feindliche Spione gekommen sind, und zwar indem sie ein zweites Mal nach Ägypten kommen und ihren Bruder Benjamin mitbringen.

Als Jakob diese Nachricht erhält, ist er komplett verzweifelt. Am Ende überzeugt ihn sein Sohn Juda, ihm Benjamin anzuvertrauen. Juda verspricht dem Vater, mit seinem Leben für Benjamin zu bürgen.

Wieder in Ägypten bei Josef geht das Versteckspiel weiter, und auch Josef erweist sich als raffinierter Trickbetrüger. Josef sorgt dafür, dass es so aussieht, als habe ausgerechnet Benjamin einen teuren silbernen Becher gestohlen. Nun fordert Josef erbost, dass Benjamin als Sklave bei ihm in Ägypten bleiben müsse und die Brüder ohne ihn zu Jakob zurückkehren sollen.

Ausgerechnet Josefs Bruder Juda ergreift das Wort. Der Juda, der dafür gesorgt hat, dass Josef nach Ägypten verschleppt wurde. Der Juda, der Jahrzehnte zuvor mit seinen Brüdern dem Vater weisgemacht hat, sein Sohn Josef sei von wilden Tieren zerrissen worden. Juda fleht seinen – immer noch unerkannten – Bruder Josef an, Benjamin zu verschonen. Juda sagt: „Benjamin ist der Liebling seines Vaters, der schon einen Lieblingssohn verloren hat. Jakob wird es nicht überleben, auch noch Benjamin zu verlieren. Wenn das geschieht, dann sind wir als Brüder schuld am Tod unseres Vaters."

Und dann geht Juda noch einen entscheidenden Schritt weiter. Doch vorher die Frage: Wie ist es möglich, dass gerade dieser Juda plötzlich so leidenschaftlich vom Schmerz seines Vaters und seiner tödlichen Angst vor dem Verlust des Sohnes Benjamin erzählen kann?

Aus leidvoller Erfahrung lernen

Juda ist der einzige der Brüder, von dem sechs Kapitel zuvor erzählt wurde, dass er selbst auch eine für ihn einschneidende Lebenserfahrung gemacht hat. In Kapitel 38 wird diese wirklich schräge Geschichte berichtet. Juda, heißt es da, habe sich nach Josefs Verschleppung nach Ägypten von seinen Brüdern getrennt und in einer anderen Stadt eine kanaanäische Frau geheiratet, mit der er drei Söhne bekam. Den ältesten verheiratet er später mit einer Frau namens Tamar. Doch der Sohn stirbt schon kurz darauf. Nun fordert Juda seinen zweitgeborenen Sohn Onan auf, seiner traditionell gebotenen Schwager-Pflicht bei Tamar nachzukommen, will heißen: Onan soll dafür sorgen, dass Tamar Kinder bekommt, damit der verstorbene erstgeborene Sohn nicht ohne Nachkommen bleibt. Onan gefällt das aber nicht, weil diese Kinder ja nicht seine eigenen wären.

Für die folgende Passage würde im Fernsehen nun die Einblendung erfolgen: „Für Jugendliche unter 16 Jahren nicht geeignet": Onan schläft zwar mit Tamar, lässt aber seinen Samen auf die Erde fallen, damit Tamar nicht von ihm schwanger wird. Das, so wird erzählt, gefällt wiederum Gott gar nicht, und er lässt auch Onan sterben.

Nun hat Juda zwei Söhne verloren und riesige Angst, dass er auch den dritten noch verliert, wenn er ihn mit Tamar verheiratet. – Juda erlebt also dieselbe Angst wie sein Vater Jakob.

Und wie in der Familie üblich, versucht es Juda mit einem Betrug. Er verspricht Tamar, dass er sie mit seinem jüngsten Sohn verheiraten werde, wenn der Junge alt genug ist. Irgendwann merkt Tamar, dass Juda dieses Versprechen nicht halten wird. Da verkleidet sie sich als Prostituierte, und als ihr Schwiegervater Juda sie so erblickt, aber nicht erkennt, will er prompt mit ihr schlafen. Tamar willigt ein, fordert aber ein Pfand von Juda, das sie behalten will, bis sie die Bezahlung bekommt. Seinen Siegelring und Stab. Juda ist einverstanden, schläft mit seiner Schwiegertochter, doch als er später durch einen Freund das Pfand auslösen will, ist die Prostituierte verschwunden. Drei Monate später wird Juda berichtet, seine Schwiegertochter Tamar sei unverheiratet schwanger. Juda fordert, sie töten zu lassen. Da lässt ihm Tamar die Pfandstücke zukommen mit den Worten: „Von dem Mann, dem diese Sachen hier gehören, bin ich schwanger."

Und zum ersten Mal erkennt Juda sein eigenes Unrecht an und sagt: „Sie ist mir gegenüber im Recht. Warum habe ich sie nicht meinem dritten Sohn Sela zur Frau gegeben?"

Tamar bringt später Zwillinge zur Welt und nennt sie Perez und Serah. Und dieser Perez sowie sein Vater Juda finden Sie wieder im Matthäus-Evangelium, Kapitel eins, unter den Vorfahren von Jesus aus Nazareth.

Juda kennt die nackte Angst davor, auch noch

den letzten geliebten Sohn zu verlieren. Er kann den Schmerz seines Vaters Jakob nachfühlen. Und mit diesem Schmerz steht er nun vor seinem immer noch unerkannten Bruder Josef in Ägypten und sagt:

„Erlaube mir also, dass ich anstelle des Jungen hierbleibe und dein Sklave werde. Ihn aber lass mit den anderen heimkehren! Ich darf nicht ohne ihn zurückkommen. Ich könnte das Unglück nicht mit ansehen, das meinen Vater treffen würde." (Genesis 44, 33-34)

Den Teufelskreis durchbrechen

Der Juda, der vor Jahrzehnten seinen Bruder Josef verkauft hat, ist nun bereit, sich selbst für seinen Bruder Benjamin zu opfern. Juda hat etwas dazugelernt, leidvoll gelernt. Aus Liebe zu seinem Vater bietet er nun sich selber als Opfer an. Und durchbricht damit den Teufelskreis aus Hass und Eifersucht, der seine Familie so lange bestimmt hat.

Ja! Wir alle werden mitgeprägt von den Schatten der Vergangenheit und den ungelösten Familienkonflikten – aber: Nein! Wir sind eben nicht Sklaven unseres Familienschicksals. Und Versöhnung ist möglich. Denn nun wird erzählt:

„Da konnte Josef nicht länger an sich halten. (…) Er brach in Tränen aus und sagte zu seinen Brüdern: ‚Ich bin Josef, euer Bruder, den ihr nach Ägypten verkauft habt. Erschreckt nicht und macht euch keine

Vorwürfe deswegen. Gott hat mich vor euch her nach Ägypten gesandt, um viele Menschen am Leben zu erhalten.'"

Das großartige Happy End einer schier unglaublichen Geschichte, sollte man meinen. Aber wie so oft hat die biblische Erzählung noch einen weiteren Pfeil im Köcher. Zunächst ist alles super.

Nach der tränenreichen Versöhnung überzeugt Josef seinen Vater Jakob, nach Ägypten überzusiedeln, was dieser, nach einer weiteren Ermutigung von Gott persönlich, tatsächlich auch tut. Jakob erlebt einen späten glücklichen Lebensabend mit seinen Kindern in Ägypten. Als Jakob gestorben ist, bekommen es Josefs Brüder noch einmal mit der Angst zu tun und sagen: „Was, wenn Josef uns nun doch noch vergelten will, was wir ihm Böses angetan haben?" Sie lassen ihm ausrichten: „Bitte vergib uns unser Vergehen!"

Wörtlich steht nun in Genesis 50: „Und seine Brüder gingen und fielen vor ihm nieder und sagten: ‚Siehe, da hast du uns als Knechte.' Josef aber sagte zu ihnen: ‚Fürchtet euch nicht! Bin ich etwa an Gottes Stelle? Ihr hattet Böses mit mir vor. Aber Gott hat es zum Guten gewendet."

Josef sagt nicht: „Fürchtet euch nicht! Ich vergebe euch!" Er sagt: „Bin ich etwa an Gottes Stelle?" Diese Frage ändert alles. Denn in dieser Frage kommt eine tiefe Zuversicht des Glaubens zum Ausdruck: Versöhnung ist möglich, wenn wir aufhören damit, selbst Richter sein zu wollen. Versöhnung ist möglich, wenn wir uns darin üben, Gott das Urteil zu überlassen. Versöhnung ist möglich, wenn der barmherzige Gott selbst zwischen Opfer und Täter tritt.

Die griechische Tragödie meint, wir alle sind Sklaven eines unentrinnbaren Schicksals. Und selbst wenn wir versuchen, das Böse abzuwenden, kommt Böses dabei heraus. In der biblischen Geschichte von Josef und seinen Brüdern passiert das Gegenteil – weil Gott das Böse in Gutes verwandelt. In diesem Sinne ist diese Geschichte eine göttliche Komödie, auch wenn es in ihr keineswegs immer lustig zugeht.

Egal, mit was Sie in Ihrem Leben zu kämpfen haben – ich möchte Sie ermutigen, es nicht als schicksalhaft und unabänderlich hinzunehmen. Sondern sich selbst die Frage zu stellen: Bin ich etwa an Gottes Stelle? Und ich wünsche Ihnen und mir die Erfahrung, dass Versöhnung möglich wird, wenn der barmherzige Gott mit der Kraft seiner Vergebung zwischen Opfer und Täter tritt.

Denn davon bin ich überzeugt: Gottes Barmherzigkeit war groß genug für die Lügner und Betrüger in Josefs Familie, den Vorfahren Jesu. Darum ist sie auch groß genug für Sie und mich.

13 Historische Stunden

Jedes Mal, wenn Oma und Opa zum Kaffeetrinken kamen, saß Opa ganz versonnen im Kreis der Familie, schaute von einem zum anderen und sagte in seinem unverwechselbaren Hamburger Dialekt mit den scharfen S-Lauten, die über jeden spitzen Stein stolpern: „Ach, Kinners! Dies ist eine historische Stunde!"

Er meinte damit, dass man so wohl nie wieder zusammenkommen würde, weil der Heiland ihn sicher schon morgen in den Himmel holen würde. Wir Enkelkinder haben ihn dann immer hochgenommen: „Ach, Opa! Das waren jetzt schon so viele ‚historische Stunden' mit dir. Da kommen bestimmt noch ein paar mehr!"

Heute blättere ich in den Bildern meiner Erinnerungen und denke an eine Zeile aus dem alten Popsong „Big yellow taxi": „You don't know what you got till it's gone!"

Warum ist das eigentlich so? Dass wir erst begreifen, was wir hatten, wenn es fort ist?

Meine Urgroßmutter, „Oma Kludas", wurde bei uns in der Familie immer die „Ur-Ahne" genannt. Warum lernen wir den Reichtum der Geschichten unserer Ahnen häufig erst richtig zu schätzen, wenn wir sie nicht mehr danach fragen können und ihre Stimmen für immer verstummt sind?

Oma und Opa. Kleine Episoden purzeln wie Legosteine aus dem Gedächtnis, wenn ich zurückschaue: Nordseeheilbad Cuxhaven an der Elbmündung, Anfang der Neunzehnhundertsiebziger Jahre. Das Aroma frischer Meeresfrüchte liegt in der Luft.

Fisch mochte ich als Kind ja gar nicht. Wegen der Gräten. Krabben schon! Und meine Oma Erlen war Weltmeisterin im Krabbenpulen. Wenn sie zu Besuch kam, dann wurden aber mal gleich zwei Pfund frischer Krabben besorgt.

Und Oma pulte mit ihren immer schon leicht krummen Händen und den neun Fingern drauflos, dass einem schon beim Zugucken das Wasser im Munde zusammenlief. Ein Ringfinger war Oma Erlen mal nach einer Blutvergiftung amputiert worden. Dazu hatten sie ihr noch den ganzen Unterarm zentimetertief eingeschnitten – um die Vergiftung rauszuschneiden, nehme ich an –, sodass dieser Unterarm eine unglaublich tiefe Furche hatte. Aber Krabben pulte sie mit diesem entstellten Arm dennoch wieselflink.

Wenn ich mir vorstelle, dass man sich heutzutage schon vollkommen zu Recht über eine zu groß geratene Blinddarmnarbe ereifern darf, dann fällt mir Omas Arm wieder ein. Und dann wundere ich mich noch einmal darüber, wie rasant wir uns an die medizinischen Fortschritte der vergangenen Jahrzehnte

gewöhnt haben; so sehr, dass wir es längst als selbstverständlich erachten, dass man an einer Blinddarm-
entzündung nicht sterben muss, sondern drei Wochen
später wieder im Büro sitzt, als sei nichts gewesen.

Nicht nur wegen der Krabben war Oma Erlen ganz
vernarrt in die Nordsee. Ihre Familie kam aus dieser
Gegend. Und auch Jahrzehnte später noch, als Opa
Willi schon tot war und Oma auch nicht mehr gut zu
Fuß, hat sie sich von Hamburg aus ein Wochenend-
ticket besorgt, ist mit der Bimmelbahn in der sogenannten Herrgottsfrühe aufgebrochen und stundenlang bis nach Cuxhaven gejuckelt, in den Bus nach
Dunen und Döse gestiegen, hat ihre Gummistiefel
angezogen und ist ganz allein in das weite Watten-
meer hinausgestapft. Hinterher setzte sie sich ins
Fischrestaurant, verspeiste genüsslich eine gebratene
Scholle mit Speck und Salzkartoffeln und juckelte
den ganzen Weg wieder zurück. Ganz allein.
    Auch als Opa Willi noch lebte, hat Oma am
liebsten allein so manche Senioren-Butterfahrt unter-
nommen. Später hab ich mir gedacht: Dass sie ganz
gern ohne den Ehemann loszog, muss daran liegen,
dass sie nach dem Krieg auch mehrere Jahre ohne ihn
auskommen musste, bis er endlich aus der Gefangen-
schaft in Russland zurückkam. Die Generation der
Trümmerfrauen war ja die erste, die zwar notgedrun-
gen, aber nachhaltig erkannte, dass man ohne nör-
gelnden Ehemann als Frau plötzlich sein eigener Herr

sein kann. Heute bin ich mir ziemlich sicher, dass die Erfahrungen dieser Frauen den eigentlichen Beginn der Emanzipation in Deutschland markierten.

Oma Erlen und Opa Willi hatten einen kleinen Schrebergarten in Hamburg-Langenhorn. Mit Holzhäuschen und Veranda, Erdbeeren und jeder Menge Blumen. Dieser Schrebergarten war ihr ganzer Stolz. Natürlich vor allem Omas Stolz. Aber Opa Willi hat immer geduldig mitgewerkelt, Rasen gemäht, Fuchsien gegossen und den Kopf über Oma geschüttelt, wenn sie nie ein Ende finden konnte, immer noch weiter zupfte, harkte, säte, tat und machte, bis sie kaum noch wieder hochkam vor Rückenschmerzen. Dieser Schrebergarten war Omas Reich. Hier bestimmte nur sie, wo es langgeht. Hier hatte sie den vollen Überblick. Diese kleine Welt konnte sie schöpferisch gestalten, wie nur sie es wollte, während die große Welt da draußen ja von Tag zu Tag immer komplizierter und unübersichtlicher wurde. Wahrscheinlich gibt es auch deswegen in Deutschland so ein riesiges Heer von Gartenliebhabern. Denn alle harken und jäten für ihr kleines Paradies, ihren ganz privaten Garten Eden, wo die verrückte Welt noch in Ordnung ist.

In bester Ordnung schien die Welt für Opa auch dann zu sein, wenn er mit Oma zu uns zum Kaffeetrinken kam: Die „historischen Stunden" im Kreis der Familie fingen immer damit an, dass wir Opa Willi um ein

Tischgebet baten. Keines dieser Gebete könnte ich heute noch zitieren. Opas Sprache und seine Art zu glauben waren anders als meine. Doch der Klang seiner Gebete wird mich immer begleiten. Sie hatten diesen einfachen, selbstverständlichen und lebenserprobten Ton der Zuversicht, dass unser aller Leben in Gottes Hand gehalten ist, egal, was uns noch blühen mag.

Wenn danach die Torte verteilt wurde, schaute Opa oft noch einmal versonnen auf seinen Teller und sagte: „Amen! Amen! Lauter Amen!" Es klang fast wie ein Seufzer. Aber Opa Willi war eben ein frommer Mann. Und weder Hitler noch Sibirien, weder Mao noch Bultmann, weder Ölkrise noch Darmkrebs konnten ihm seine Zuversicht auf den lieben Gott madig machen.

Opas Glaube kam mir manchmal vor wie Omas Garten: Sein Glaube war sein ganz persönliches Paradies, seine kleine heile Welt, die er vor der bösen Welt da draußen zu schützen wusste. War das wirklich so? Und wenn ja: Wie hat er das bloß hingekriegt?

Als ich älter wurde, hätte ich ihn gern noch mal gefragt, ob er denn nie mit seinem Heiland gehadert hat, im Schützengraben oder im sibirischen Gefangenenlager.

Selbst die heilige Mutter Teresa soll ja in einer Zeit ihres Lebens am Schweigen ihres Erlösers fast irregeworden sein, wenn ihre Tagebücher nicht gefälscht sind.

„In meinem Innersten ist nichts als Leere und Dunkelheit", schrieb sie mal an ihren Beichtvater. „In meinem Herzen gibt es keinen Glauben – keine Liebe – kein Vertrauen – (…) Himmel – Seelen – warum sind das nur Worte – die mir nichts bedeuten?"

Von meinem Opa habe ich kein Tagebuch. Und über seine eigenen Zweifel hat er nie gesprochen, dafür aber mit Vorliebe und zittriger Stimme diese alten himmlisch kitschigen Heilslieder gesungen, die Sie wahrscheinlich kaum noch kennen, aber die meinem Opa viel bedeutet haben:

„Das wird allein Herrlichkeit sein, wenn frei von Weh ich sein Angesicht seh!"

War Opas Traum vom Himmel so eine Art blühender Schrebergarten ohne Rückenschmerzen? Ich weiß es nicht. Und fragen kann ich ihn nicht mehr. Denn irgendwann hörte Opa Willi auf, von der „historischen Stunde" zu sprechen. Da war es zu spät. Und wir ahnten, dass er nun tatsächlich bald gehen würde.

Opa Willi starb 1999. Oma Erlen fünf Jahre später. Im April. Als in ihrem Garten die Buschwindröschen blühten. Zum Abschied habe ich dieses Lied für sie geschrieben:

Nun ist dein Engel gekommen
Nun ist dein Engel gekommen.
Auf leisen Sohlen aus Licht

hat er dich mit sich genommen.
Sprach zu dir: Fürchte dich nicht!

Hell steht die Sonne am Himmel.
Schau, wie dein Garten erblüht,
den du so innig geliebt hast.
Abschied kommt meistens verfrüht.

Viel wollten wir dir noch sagen,
vieles von dir gern noch hörn.
Was wir versäumten zu fragen,
soll deine Ruhe nicht störn.

Wir sehn dir nach und sind traurig,
legen dich in Gottes Hand.
Und werden dankbar für alles,
was uns im Leben verband.

Nun ist dein Engel gekommen.
Auf leisen Sohlen aus Licht
hat er dich von uns genommen.
Gott sagt uns: Fürchtet euch nicht!

14 Mütterliche Trostkraft

Gottes-Bilder

Alle Bilder, die wir Menschen uns von Gott machen können, sind im Angesicht des lebendigen Gottes nicht mehr als ein Witz. Darum zunächst ein Bilderwitz:

Auf dem Thron sitzt eine Ente mit einer Krone auf dem Kopf. Vor ihr steht ein Mann, der sie fassungslos anstarrt. Und die Ente sagt: „Was soll das heißen, Sie haben sich Gott anders vorgestellt?"

Natürlich wissen wir alle, dass Gott bestimmt nicht wie eine Ente aussieht. Dann schon eher wie ein Huhn. In Matthäus 23,37 sagt Jesus im Namen Gottes zu den Bewohnern von Jerusalem:

„Wie oft habe ich deine Kinder versammeln wollen, wie eine Henne ihre Küken versammelt unter ihre Flügel!"

Und Paul Gerhardt dichtet 1647, ein Jahr vor Ende des brutalen Dreißigjährigen Krieges:

„Breit aus die Flügel beide, oh Jesu meine Freude, und nimm dein Küchlein ein."

Eine der zentralen Mahnungen der christlich-jüdischen Tradition lautet so: „Du sollst dir kein Bild von

Gott machen!" Dennoch ist die Bibel voll von kräfti-
gen, oft drastischen bildhaften Beschreibungen, wie
Gott ist. In dieser Spannung sind und bleiben wir. Ich
auch, wenn ich als Mann und Vater mit Ihnen über
Gottes mütterlichen Trost nachdenke. Denn auch so
begegnet Gott uns Menschen:

    „Ich will euch trösten, wie einen seine Mutter
tröstet!" Jesaja 66,13.

Gott entzieht sich unseren menschlichen Bildern und
sprengt sie auf. Gott, der uns trösten will wie eine
Mutter, brüllt auch wie ein Löwe vom Zion, wild und
stark und gänzlich ungezähmt von unseren manchmal etwas kuscheligen Wunsch-Bildern, in denen wir
Gott am liebsten für eine mütterlich warmherzige
und supervisorisch geschulte Sozialpädagogin halten
möchten.

    Das ist die Gefahr: dass wir unsere Wunschbilder
von Gott mit Gott selber verwechseln. Dass wir unsere Projektionen anbeten und nicht den lebendigen
Gott. Und so mit uns selber und unseren Selbstge-
sprächen allein bleiben.

Dennoch verehren wir als Christen kein gesichtsloses,
anonymes Geheimnis. Weil wir glauben, hoffen und
erfahren, dass Gott mit uns Menschen zu tun haben
will, dass Gott uns begegnet, uns geheimnisvoll berührt. Wie eine Mutter ihr Kind im Arm wiegt, wie
eine Henne die Flügel über ihre Küken breitet, aber

auch wie ein Feuer, das uns blendet oder den glimmenden Docht unserer Leidenschaft neu entflammt.

Ja, weil Gott uns unbedingt angeht, weil Gott mit uns zu tun haben will, darum brauchen wir auch die Bilder von Gott, ohne die Beziehung nicht vorstellbar ist. Ich erlaube mir dazu ein kleines Gedankenspiel:

Wenn es wahr ist, was die alten Schriften sagen, dass Gott jeden Menschen *nach seinem Bilde* erschaffen hat, dann ist Gottes Lieblingsfarbe ganz eindeutig bunt.

Bosniaken und Usbeken, Kongolesen und Chinesen, Kurden, Türken und Armenier,

Juden und Griechen, Holländer und Siegerländer, Cowboys und Indianer, Ossis und Wessis,

Frauen und Männer, Mütter und Väter, Kinder und Greise,

Trillionen von Gesichtern und keines gleicht dem andern.

Umgekehrt könnten wir uns nun für einen kurzen Moment diese atemberaubende Vorstellung gestatten:

Wenn tatsächlich jeder Mensch nach dem Bilde Gottes erschaffen wurde,

dann brauchen wir uns nur die Menschen aller Zeiten und Länder genau anzuschauen,

um eine leise Ahnung davon zu bekommen, wie Gott selber aussieht.

Und dürften dabei zumindest eines für halbwegs gesichert halten:

Gott ist offenbar eine farbenprächtig schillernde Persönlichkeit.

Und was Farbenpracht bedeutet,

dafür genügt schon ein kurzer Blick rund um unseren Planeten:

Umbra aus Zypern, Türkis aus Arizona und Purpur aus Apulien.

Burgunder Ocker und Rügener Kreide, Troschenreuther Rötel

und Kurkuma aus dem indischen Gelbwurz.

Und allen voran die Königin der Farben – gewonnen aus dem Lapislazuli-Edelstein im westlichen Hindukusch – das blaue Ultramarin.

Aber auch die grüne Erde aus Benediktbeuren und das Baarer Höllgrotten-Weiß,

das Menzinger Steinkohle-Anthrazit und das Geisenheimer Kaolin,

Falun-Rot und Türkisch-Rot, Manganblau, Indigo und Kobaltblau.

Das nenne ich farbenprächtig.

Alles Weitere malen Sie sich am besten selber aus!

Nicht alle bildhaften Beschreibungen Gottes haben für mich dieselbe Relevanz. Es gibt einen Wesenszug Gottes, ohne den Gottes Geheimnis für mich nur ein dunkles Mysterium bliebe:

„Gott ist Liebe." (1. Johannes, 4,16)

Hier wird einmal kein bildhafter Vergleich gezogen zu mütterlichen oder väterlichen Eigenschaften.

Hier fehlt das „wie". Gott IST das Geheimnis der Liebe. Der verletzbaren, kraftvollen, leidenschaftlichen, schmerzverzerrten, barmherzigen, ohnmächtigen und alle Ketten sprengenden Liebe. Ohne diese Gewissheit und Hoffnung wäre ich kein Christ mehr.

Wie eine Mutter

Wenn ich versuche, die liebevolle Mütterlichkeit Gottes nachzuempfinden, dann denke ich zurück an die Begegnung mit einer Frau in Ostafrika.

Im Januar 1995 kam ich als Filmemacher zum ersten Mal nach Uganda. Die Folgen der AIDS-Pandemie hatten das arme Land schwer getroffen. An AIDS stirbt die mittlere Generation, die wirtschaftlich produktive. Zurück bleiben Kinder und alte Menschen.

In einem kleinen Dorf, umgeben von Bananenbäumen und ein paar verlorenen Ziegen, traf ich Teo Muyinza. Sie war damals Anfang fünfzig und bereits zweimal verwitwet. Zwölf Kinder hat sie geboren. Acht Enkelkinder lebten mit ihr im Häuschen. Nebenan in einer schlichten Lehmhütte lag Teos Tochter Nalongo im Sterben. AIDS im Endstadium. Zwei andere Töchter hatte Teo schon an die tödliche Krankheit verloren. Nalongo sagte uns: „Wenn ihr morgen nach mir fragt, bin ich vielleicht schon nicht mehr am Leben. Meine Mutter wird hart arbeiten, um die Kinder irgendwie durchzubringen."

Und Teo? Wie verbittert muss ein Mensch sein, der ein Schicksal wie ihres zu tragen hat? Doch Teo schleppte sich nicht mühsam durch ihren harten Alltag. Sie ging aufrecht. Und tat, was nötig war. Vorsichtig und liebevoll pflegte sie ihre kranke Tochter. Sie bebaute den kleinen Garten und kümmerte sich um die Enkelkinder. Teo war arm. Doch in ihrer Haltung und Würde wirkte sie auf mich wie eine Königin. Teo hatte alles Recht der Welt, verhärmt und abgearbeitet zu sein. Und das auch zu zeigen. Doch wenn wir bei ihr zu Gast waren, dann verschwand sie irgendwann kurz in ihrer Hütte und kam in einem wunderschönen farbenfrohen Kleid wieder heraus, setzte sich lächelnd zu uns und sprach mit ihrer warmen, tiefen Stimme, wie nur jemand sprechen kann, der in sich selbst ruht und von Gott eine innere Kraft geschenkt bekommt, die sich standhaft weigert, am Leben zu verzweifeln.

Was mich an Teo beeindruckte, war die Selbstverständlichkeit ihrer mütterlichen Liebe. Unsentimental. Und verlässlich. Doch ich habe noch mehr von ihr gelernt.

Hüterin des Lebens

Als Kain seinen Bruder Abel erschlagen hatte, da fragte Gott ihn: „Wo ist dein Bruder?"

Und Kain gab zur Antwort: „Bin ich meines Bruders Hüter?" Ich glaube mittlerweile, dass dieser Satz typisch männlich ist. Teo Muyinza aus Uganda würde diese Frage niemals stellen. Sie weiß, dass sie *Hüterin des Lebens* ihrer Familie ist. Ihre Fragen klingen anders: Wo kriege ich frisches Wasser für die Kinder her? Wo gibt es Medikamente für meine kranke Tochter? Wie bekomme ich für alle Essen auf den Tisch? Darum ist Entwicklungshilfe zur Selbsthilfe bei Frauen wie Teo bestens aufgehoben.

Darum bewundere ich Teo Muyinza und habe durch ihr Leben etwas erahnt vom Geheimnis der mütterlichen Liebe Gottes. „Ich will euch trösten wie eine Mutter."

Das Wort Trost kommt ursprünglich von dem Wort „Treue". Innere Festigkeit und Verlässlichkeit liegen in dem Trost, mit dem Gott uns trösten will. Gott stellt uns auch infrage, doch Gott wird niemals fragen: „Was geht mich das an?"

Weil Gottes Liebe die Hüterin des Lebens ist.

Trost und Hoffnung

Im Januar 1995 bat mich Teo zum Abschied noch einmal zu sich. Sie hielt eine junge Grünpflanze im Arm und führte uns in ihren Vorgarten, in dem sie bereits ein Loch in der Erde ausgehoben hatte. „Lass uns diesen kleinen Mangobaum hier gemeinsam einpflanzen!", sagte sie zu mir. „Wenn er groß wird und Früchte trägt, dann wirst du einmal zu uns zurückkehren. Und wir werden unser Wiedersehen feiern!"

Elf Jahre lang ging mir dieser Mangobaum in Teos Garten nicht mehr aus dem Kopf. Dann habe ich mich noch einmal auf den Weg nach Uganda gemacht. Was war aus Teo und ihrer Familie geworden?

Als ich ihr kleines Grundstück erreichte, kam Teo mir lachend entgegen. Sie schloss mich in die Arme wie einen alten Freund. Und unser Mangobaum? Der sei leider damals nach der ersten Dürre eingegangen, erzählte Teo. Daraufhin habe sie aber sofort einen neuen Baum gepflanzt.

Sie nahm mich bei der Hand und führte mich zu einem schlanken Baum in ihrem Vorgarten, der inzwischen schon mehr als sechs Meter hoch war. „Du bist wirklich zurückkehrt!", sagte Teo. „Gott ist groß. Sein Name sei gelobt!"

Fünf ihrer eigenen Kinder hatten überlebt und waren längst erwachsen geworden. „Sie konnten alle zur Schule gehen, haben Jobs gefunden und mit ihrem Verdienst unterstützen sie heute auch unsere Familie", erzählte Teo. „Sie bezahlen zum Beispiel die Schulbücher, Stifte und Hefte für meine kleinen Enkelkinder."

Und Teo selbst? Woher hat sie die Kraft genommen, in all den Jahren niemals aufzugeben?

„Meine Kraft", sagte Teo, „kommt von den Menschen, die mich unterstützt haben. Und das waren vor allem die Mitarbeiterinnen eines christlichen Hilfswerkes. Sie haben mir geholfen, mir selber zu helfen. Und das hat mich stark gemacht."

Teo meinte die Mitarbeiterinnen des ugandischen Hilfswerks Kitovu Mobile, das von einer deutschen NGO gefördert wurde. Mit vereinten Kräften hatte man Teos Kindern die Ausbildung ermöglicht und ihrer Familie neues Ackerland besorgt. Agrarexperten haben ihnen effektivere Anbaumethoden gezeigt. Die Ernährung von Teos Familie war gesichert.

Teos Geschichte ist eine Geschichte der Hoffnung geworden, weil es Menschen gab, denen ihr Schicksal nicht egal war und die vor der großen Not nicht kapitulierten.

„Mit diesem Glauben", hat Martin Luther King gesagt, „werden wir aus dem Berg der Verzweiflung einen Stein der Hoffnung heraushauen können."

Es sind zuerst und vor allem die Mütter unserer Welt, die diese Hoffnung am Leben erhalten. Darum tut es gut, darauf zu vertrauen, dass auch Gott uns tröstet wie eine Mutter. So wie meine Mutter mich als Kind immer wieder in ihren Armen wiegte, wenn ich nicht schlafen konnte. Dieses Lied erzählt davon:

Wir zählten die Sterne

Ich kam mit den Füßen voran,
hast du mir erzählt.
Schon schräg, wie mein Leben begann.
Doch du brachtest mich heil auf die Welt.
Ich lag gleich am Anfang verkehrt,

was später noch öfter geschah.
Doch du hast mich laufen gelehrt.
Und wenn ich fiel, warst du da.

Ich kam mit den Füßen voran.
Das war nicht geplant.
Doch Leben läuft selten nach Plan.
Und wenn, ist er uns nicht bekannt.
Dann hast du mit mir lang geübt,
auf eigenen Füßen zu stehn.
Du hast mich ins Leben geliebt.
Ich lernte, selber zu gehn.

So viele Tage hast du mich getragen,
so viele Nächte noch bei mir gewacht.
Dann zählten wir hoch am Himmel die Sterne.
Zwei hat Gott nur für uns beide gemacht.

Dann hast du mit mir lang geübt,
das Beste im Leben zu sehn:
Nur das, was aus Liebe geschieht,
bleibt für immer bestehn.

15 Wenn ein Moment vom Himmel fällt – Der Schutzengel

Der Engel – biologisch betrachtet

ENGEL, lateinisch „Angelus",

ist als Spezies im evolutionsbiologisch unklaren Grenzbereich zwischen Ornithologie und Mammalogie, also der Vogel- und Säugetierkunde anzusiedeln. Geschlecht: männlich.

Im frühen Entwicklungsstadium deutlich adipöse Veranlagung. Im Gesicht Tendenz zur Pausbackigkeit, Gliedmaßen aufgedunsen. Flügel in Proportion zum Körpergewicht zu klein. Flugtauglichkeit daher anatomisch nicht erklärbar. Vergleiche: die Hummel!

Frostunempfindlicher Kaltblüter. Tritt in der Regel nackt und im Rudel auf, wird auch in nördlichen Breiten vorzugsweise zur Winterzeit gesichtet.

In der Adoleszenzphase wird gelegentlich eine Metamorphose hin zum Abwerfen der Flügel beobachtet. Vergleiche umgekehrt: die Entwicklung der Schmetterlings-Raupe.

Im ausgewachsenen Stadium ausdifferenziertes Sozialverhalten und Aufspaltung in Rudel-Wesen und Einzelgänger.

Im Rudel deutliche Ausprägung gesanglicher Fähigkeiten, die vorzugsweise bei Nacht wahrgenommen werden. Wird hier zunächst gern mit der Nachtigall verwechselt. Zeigt dann aber im Gesang humane Artikulationsfähigkeit in verschiedenen Sprachen.

Beim Einzelgänger ist eine sporadisch auftretende Tendenz zur Aggression belegt. Tritt dann u.a. mit glühendem Schwert in Erscheinung. Kann in dieser Form gelegentlich nur von weiblichen Exemplaren der Gattung Equus asinus, im Volksmund Eselin genannt, wahrgenommen werden.

Diverse Exemplare der Gattung Angelus zeigen einen ausgeprägten Hang zum Mimikry. Vergleiche hier zum Beispiel die schwarzgelbe Musterung der Hainschwebfliege, die deutlich an eine Wespe erinnert. So imitiert der Engel in seiner offenbar wandlungsfähigen Gestalt anatomisch auffällig häufig zentrale Merkmale des Homo sapiens.

Es darf vermutet werden, dass diese Form der Tarnung – anders als in der Tierwelt – nicht zur Abschreckung eines etwaigen Gegners gedacht ist, sondern – im Gegenteil – Kontaktaufnahme und Kommunikation ermöglichen soll.

Belegt sind zahlreiche Fälle, in denen Engel hierbei deutlich empathische Züge zeigen. Dabei bevorzugen sie die Begegnung mit Menschen in posttraumatischen Belastungsstörungen.

Wissenschaftlich bedauerlich bleibt, dass Augenzeugen von solchen Begegnungen oft nur in seltsam vagen Erinnerungen berichten können. Übereinstimmend aber lässt sich festhalten, dass die offenbar irritierende Begegnung mit einem Engel von diesem häufig mit einer Art Begrüßungsformel eingeleitet wird, die sein Wesen eindeutiger zu beschreiben vermag als alle anderen anatomischen Merkmale.

Diese Begrüßung lautet: „Fürchte dich nicht!"

Gottes-Momente

„Engel dauern nicht", hat der Schriftsteller Peter Härtling gesagt. „Sie sind Gefährten des Augenblicks." Seit Jahrtausenden haben Menschen in der christlich-jüdischen Tradition ihre geheimnisvollsten Erfahrungen zwischen Himmel und Erde immer wieder mit dem Bild des Engels beschrieben. Die Bibel ist voll von Geschichten über Gottes Engel, voll von bildhaften, ganz unterschiedlichen Beschreibungen davon, wie Gott Menschen persönlich begegnet. Sie zeigen auf wunderbare Weise, dass unsere Gottesbegegnungen sich nicht in ein Schema pressen lassen. Weil diese Bilder gerade in ihrer Vielfalt und Widersprüchlichkeit deutlich machen, dass Gottes freies Handeln für uns unverfügbar bleibt

Gottes Engel tauchen oft plötzlich und gänzlich unerwartet auf, um oft ebenso sang- und klanglos wieder zu verschwinden. Sie sind Momente, die vom Himmel fallen. Wir können sie nicht festhalten, aber sie hinterlassen Spuren in unserem Leben. Gottesmomente können uns hinterfragen und herausfordern und uns auch neue Wege zeigen.

Aus der bunten Vielfalt von Engel-Vorstellungen der biblischen Tradition ist eine bis heute mit Abstand die populärste. Psalm 91 erzählt davon.

Schutzengel

„Der HERR ist deine Zuversicht, der Höchste ist deine Zuflucht. Es wird dir kein Übel begegnen. Und keine Plage wird sich deinem Haus nahen. Denn er hat seinen Engeln befohlen, dass sie dich behüten auf allen deinen Wegen, dass sie dich auf Händen tragen und du deinen Fuß nicht an einen Stein stoßest." (Psalm 91, 9-12)

Glauben Sie an Schutzengel? Das können Sie nur für sich persönlich beantworten. Ich möchte Ihnen dazu ein Erlebnis aus meiner Familie erzählen, das ich nie vergessen werde.

Meine Mutter war dreiundsechzig, als es passierte. Sie fuhr auf dem Fahrrad und wurde von einem unaufmerksamen Autofahrer gerammt. Mit schweren Verletzungen kam sie ins Krankenhaus. In den ersten Stunden bangten wir um ihr Leben. Das war der vielleicht dunkelste Tag auch im Leben unseres Vaters. Spät am Abend saßen wir drei Kinder mit ihm zusammen. Inzwischen war klar, dass unsere zähe Mutter den Unfall überstehen würde und dass auch ihre

ohnehin schon chronisch geplagte Wirbelsäule nicht
irreparabel verletzt war. Mein Vater sagte: „Gottes Engel haben eure Mutter behütet!"

Mir ist dieser Satz nachgegangen. Mein Vater hätte auch völlig zu Recht beklagen können, dass Gottes
Engel den Unfall nicht verhindert haben. Das tat er
aber nicht.

Sie kennen meinen Vater nicht, aber ich verrate Ihnen: Sicherlich ist es eine seiner besonderen Eigenar-
ten, auch im größten Mist noch nach dem Positiven
zu suchen. Sein schwer erschütterbarer Optimismus
hat mich als Teenager oft genervt. Wenn wir im Urlaub in den Alpen waren und es mal wieder tagelang
wie aus Kübeln gegossen hat, zog Vater dennoch freudestrahlend seine Wanderstiefel mit Regenmantel an
und verkündete: „Es gibt kein schlechtes Wetter, nur
die falsche Kleidung. Der Bauer braucht den Regen!
Schaut mal, wie schön die nassen Wiesen im Regen
glänzen …"

Aber an diesem Abend in Hamburg ging es um
viel mehr. An diesem Abend hatte mein Vater für sich
entschieden, sich auch in dieser dunklen Stunde an
seinem Gott festzuhalten. So wie es ein anderer Sänger eines alten Liedes im Alten Testament formuliert
hat: „Dennoch halte ich fest an dir, denn du hältst
mich bei meiner rechten Hand!" (Psalm 73)

Für Vater war klar: Gott hat seinen Engeln befohlen, dass sie Mutter vor dem Schlimmsten bewahrt

haben. Das war seine Glaubenserfahrung. Nicht meine. Und uns aller sagt die Lebenserfahrung: Es geht nicht immer gut aus. Es gibt Unglück und Leiderfahrungen, die Menschen – völlig unabhängig von ihren Glaubensüberzeugungen – ins Bodenlose stürzen lassen.

Und dennoch üben wir als Christen, uns festzuhalten an der fast unverschämten Hoffnung des Glaubens: Noch tiefer als der Sturz ins Bodenlose ist das Geheimnis der Liebe Gottes. Wir können im Leben *und* im Sterben nicht tiefer fallen als in Gottes Hand.

Dieser Gott, dem wir vertrauen, thront nicht in einem fernen Himmel und schaut sich aus göttlich-sicherer Distanz von oben an, was wir Menschen hier unten erleiden. Gott hält sich nicht raus, sondern wurde in Jesus Christus ein Mensch wie wir, der im Garten Gethsemane vor Angst Blut und Wasser schwitzte und am Kreuz vor Schmerzen geschrien hat.

Wenn Menschen leiden, dann leidet Gott mit ihnen. Trotzdem gibt es keine Antwort auf die Frage, warum Gott, die allumfassende Macht der Liebe, so viel unschuldiges Leiden nicht verhindert.

Als ich mit einem Freund über diese bohrende Frage sprach, sagte er zu mir: „Ich habe auch keine Antwort, die mich zufriedenstellt. Aber wir leben nicht von Antworten. Wir leben davon, dass wir gehalten sind."

Die Liebe fragt nicht, ob wir sie verstehen. Die Liebe nimmt dich in den Arm.

Gottes Engel stärke dich

Gottes Engel stärke dich, wenn deine Kräfte schwinden.
Deine Wunden möge er liebevoll verbinden.

Gottes Engel tröste dich, wenn deine Seele trauert.
Er sei bei dir in der Nacht, die nicht ewig dauert.

Gottes Engel schütze dich, wenn Ängste dich bedrängen.
Heiße Flammen um dich her solln dich nicht versengen.

Gottes Engel trage dich, wenn Füße nicht mehr tragen,
wenn dein Herz und dein Verstand dir den Dienst versagen.

Gottes Engel leite dich auf allen deinen Wegen.
Seine Kraft begleite dich. Geh mit Gottes Segen!

16 Mitten im Leben

„Ich habe fertig", sagte Trainer Trapattoni damals bei seiner legendären Pressekonferenz. Ich hingegen habe seit Jahren das Gefühl, eigentlich nie so richtig fertig zu werden. Das ist der alte Unterschied zwischen Haben und Sein. „Fertig haben" wäre toll. „Fertig sein" aber kennen wir besser, weil wir ja alle quasi jeden Abend völlig fertig sind, ohne mit irgendetwas gründlich fertig geworden zu sein.

Woran liegt das bloß, dass wir Deutschen nach allgemeiner Diagnose so chronisch erschöpft sind?

Klar, wir schlafen zu wenig und trinken zu viel. Aber was können wir dafür, wenn die Tage ständig kürzer werden, die Zinsen niedriger und der Meeresspiegel höher?

Sind wir etwa selbst schuld daran, wenn wir Angst haben um unsere Rente und die Zukunfts-Chancen unserer Kinder? Wenn wir uns fürchten vor langbärtigen Hasspredigern aus Libyen und glatzköpfigen Nazis aus Tröglitz?

Sind wir hartherzig, weil wir erschüttert, aber ratlos lieber den Kanal wechseln, wenn wieder neue Bilder über ertrunkene Flüchtlinge im Mittelmeer, erschossene Kinder in der Ukraine oder verschleppte Mädchen in Nigeria über den Bildschirm flimmern?

Ja, das Herz ist ein dehnbarer Muskel. Aber trotzdem zu klein für alles, was darin Platz finden soll. Denn in der rechten Herzkammer wohnen ja schon die betagten Eltern, die nicht einsehen wollen, dass es an der Zeit wäre, das baufällige mehrstöckige Eigenheim mit drei Hektar Garten aufzugeben, um in betreutes Wohnen umzuziehen. Und der Sohn, der nicht einsehen will, dass es mit achtundzwanzig an der Zeit wäre, eine Berufswahl zu treffen und seine Unterhosen selber zu waschen.

Und in der linken Herzkammer randaliert schon seit Jahren der Chef als illegaler Hausbesetzer, der nicht einsehen will, dass es sogar für seine Mitarbeiter so etwas wie ein freies Wochenende und ein Recht auf Familienleben geben könnte.

Und ich höre die Leute sagen: Was soll's! Kopf hoch! Du schaffst das! Du stehst doch „mitten im Leben". Aber was heißt das schon?

„Mitten im Leben" nannte auch Udo Jürgens seine letzte Tournee.

„Mitten im Leben sind vom Tode wir umfangen", haben die Alten gesungen.

„In der Mitte des Lebens" heißt ein erfolgreiches Buch von Margot Käßmann, in dem sie uns und sich selbst empfiehlt, dankbar zu sein und neugierig zu bleiben.

Als die Theologin das Buch publizierte, war sie einundfünfzig. Sollte Frau Käßmann mit achtzig Jahren von uns gehen, was der Himmel verhüten möge, dann hat sie ihr Buch elf Jahre zu spät geschrieben. Aber Gottes Termine stehen nicht in unserem Kalender.

Mitten im Leben stehst du.

Und dort drehst du dich erst einmal gründlich um die eigne Achse,

schaust nach vorn und blickst zurück.

Und du fragst dich: Liegt dahinten jetzt schon mehr als vor dir liegt?

„Damals fiel es mir noch recht schwer, die Dinge aus heutiger Sicht zu betrachten!",

hat Horst Evers gesagt.

So mancher Kindheitstraum ist in die Jahre gekommen.

So mancher strahlend weiße Gipfel wird wohl ohne dich erklommen.

Doch wenn du jetzt gehen müsstest, könntest du dich kaum beschweren.

Denn du hast schon viel gesehen von der Welt und ihren Ländern.

Und du hast schon viel Musik gehört.

Und die Menschen, die dir nah sind, haben dir das Herz erwärmt.

Kurz: Der Himmel war dir gnädig. Und du hoffst, dass es so bleibt.

Jedes Leben ist ein Garten. Und du darfst getrost erwarten,

dass die Saat, die du gesät hast, farbenfrohe Blüten treibt.

Wohin führt die Lebensreise? Kannst du noch begeistert sein?

Passt in deine Lebensweise noch die Sehnsucht mit hinein?

Hab mich noch nicht abgefunden, such das Weite, schau nach vorn.

Binnen weniger Sekunden wird ein neuer Traum geborn.

Himmelwärts und erdverbunden will ich mit euch weitergehn.

Weiter Gottes Welt erkunden und das Licht der Liebe sehn.

17 Dann bis morgen, liebe Sorgen

Retro zu sein, ist ja schon lange wieder hochmodern. Vielleicht gehören Sie deshalb auch zu den Zeitgenossen, die so eine alte Uhr mit Zifferblatt und Zeiger tragen. In diesem Fall weiß ich nicht, ob Ihnen das mal aufgefallen ist: Auch eine kaputte Uhr geht nicht wirklich falsch. Man muss nur zur richtigen Zeit draufschauen!

So gesehen gibt es natürlich auch keine falsche Lebensphase, man muss sie nur zur rechten Zeit erleben. Aber damit haben wir ja offenbar zeitlebens unsere Probleme. Wir sind doch meistens damit beschäftigt, unsrer Zeit voraus zu sein. Und hinken dabei dem Leben ständig hinterher. Das fängt ja schon von klein auf an.

Mit 5 sagt das Kind: „Ich bin schon fast sechs.

Und dann komm ich in die Schule."

Mit 15 sagt der Teenager: „Noch ein paar lausige Jahre, dann hab ich die Paukerei endlich hinterher mir."

Mit 25 sagt der Student: „Okay, Informatik war jetzt keine so tolle Idee.

Aber wenn ich erst mal meinen Master in Botanik habe, dann wird es rote Rosen regnen."

Mit 35 sagt die erfolgreiche Businessfrau: „Jetzt noch den richtigen *Mann* finden, dann gründe ich eine Familie."

Mit 45 sagt der geschiedene Manager: „Jetzt noch die *richtige* Frau finden,

dann gründe ich eine zweite Familie."

Mit 55 wurde ein Freund von mir gefragt: „Wie lange haben Sie denn noch?"

Da er sich eigentlich bester Gesundheit erfreute, war sein Erschrecken groß.

Bis er die Fassung wiederfand. Denn die recht unverblümte Frage

bezog sich auf den Ruhestand.

Jedoch: Mit 65 war Wolfgang Amadeus Mozart schon 30 Jahre tot.

Also dann: alles auf Anfang und noch einmal ganz von vorn.

Viel zu viele Lebenstage gehn uns ungelebt verlorn.

Jeder Tag ist eine Reise. Jeder Weg entsteht beim Gehn.

Jeder Morgen ist ein Aufbruch. Wo der hinführt? Na, mal sehn!

Oder um es mit den Worten eines jüdischen Wanderpredigers zu sagen, zweitausend Jahre alt, aber keineswegs von gestern: „Sorgt euch nicht um morgen! Denn der morgige Tag wird für das Seine sorgen. Es ist genug, dass jeder Tag seine eigene Plage hat."

Sorgt euch nicht um morgen

Das Leben im Glauben, von dem Jesus spricht, ist keine Vertröstung auf ein fernes Jenseits, sondern Trost und Ermutigung für gelebte Gegenwart. Es geht um das Hier und Jetzt, und wie Sie und ich damit zurechtkommen.

Das Zitat von Jesus stammt aus der berühmtesten überlieferten Rede, die er gehalten hat: aus der Bergpredigt. Was Jesus dort über unsere täglichen Sorgen sagt, finde ich so spannend und herausfordernd, dass ich hier einen längeren Abschnitt aus dieser Rede zitiere:

„Ihr sollt euch nicht Schätze sammeln auf Erden, wo Motten und Rost sie fressen und wo Diebe einbrechen und stehlen. Sammelt euch aber Schätze im Himmel, wo weder Motten noch Rost sie fressen und wo Diebe nicht einbrechen und stehlen. Denn wo dein Schatz ist, da ist auch dein Herz. (...)

Niemand kann zwei Herren dienen. Entweder er wird den einen hassen und den andern lieben, oder er wird an dem einen hängen und den andern verachten. Ihr könnt nicht Gott dienen und dem Mammon. Darum sage ich euch: Sorgt euch nicht um euer Leben, was ihr essen und trinken werdet; auch nicht um euren Leib, was ihr anziehen werdet. Ist nicht das Leben mehr als die Nahrung und der Leib mehr als die Kleidung?

Seht die Vögel unter dem Himmel an: Sie säen

nicht, sie ernten nicht, sie sammeln nicht in die Scheunen; und euer himmlischer Vater ernährt sie doch. Seid ihr denn nicht viel kostbarer als sie? Wer ist aber unter euch, der seines Lebens Länge eine Elle zusetzen könnte, wie sehr er sich auch darum sorgt?

Und warum sorgt ihr euch um die Kleidung? Schaut die Lilien auf dem Feld an, wie sie wachsen: Sie arbeiten nicht, auch spinnen sie nicht. Ich sage euch, dass auch Salomo in aller seiner Herrlichkeit nicht gekleidet gewesen ist wie eine von ihnen. Wenn nun Gott das Gras auf dem Feld so kleidet, das doch heute steht und morgen in den Ofen geworfen wird: Sollte er das nicht viel mehr für euch tun, ihr Kleingläubigen?

Darum sollt ihr nicht sorgen und sagen: Was werden wir essen? Was werden wir trinken? Womit werden wir uns kleiden? Nach dem allen trachten die Heiden. Denn euer himmlischer Vater weiß, dass ihr all dessen bedürft.

Trachtet zuerst nach dem Reich Gottes und nach seiner Gerechtigkeit, so wird euch das alles zufallen. Darum sorgt nicht für morgen, denn der morgige Tag wird für das Seine sorgen. Es ist genug, dass jeder Tag seine eigene Plage hat." (Mt 6,19-21 und 24-34)

Ich frage mal ganz indiskret: Fühlen Sie sich von Jesus verstanden in Ihren täglichen Sorgen? Wir rackern uns jeden Tag ab, um unser Programm irgendwie fertig zu kriegen, und die Sorge um die nächste anstehende Aufgabe hält uns ständig auf Trab. Und was sagt Jesus dazu? „Sorgt euch nicht um morgen!" Mein erster Eindruck: Ja, der Mann hat gut reden! Als alleinstehender Wanderprediger hatte er ja auch keinen Haushalt zu managen, keine Kinder im Teenageralter, kein Reihenhaus abzubezahlen und war vor allem kein Fan des 1. FC Köln.

Wie alt war Jesus noch mal, als er diesen klugen Ratschlag gab? Anfang dreißig, oder? Gut. Und wie alt ist er geworden? – Na, bitte, da können Sie doch mal sehen, wohin solche Ratschläge führen können. Aber im Ernst, es ist doch wirklich so: Schon das Wort „Sorglosigkeit" mögen wir eigentlich nicht besonders.

Ja, sicher, wir würden uns alle ab und an gern ein paar weniger Sorgen machen dürfen, aber allzu sorglose Zeitgenossen sind uns schwer verdächtig. Das Ganze klingt ja bei Jesus schon ein bisschen nach Flowerpower-Nostalgie und heiteren bekifften Hippies, die mit Gänseblümchen im Haar auf der Wiese herumgammeln und Lieder zur Gitarre singen:

„Seht die Vögel am Himmel, die Lilien auf dem Feld ... geht's nicht allen prima? Also hört doch mal auf mit euren spießigen bürgerlichen Sorgen um morgen."

Nein, tut uns leid, Herr Jesus, als verantwortungsbewusste Zeitgenossen machen wir uns nun mal auch sehr berechtigte Sorgen. Um die Zukunft unserer Kinder und Familien, aber auch um die Launen unserer Chefs im Beruf und den nicht abbezahlten Kredit für unser Eigenheim. Denn wie sollen wir für unsere Liebsten sorgen, wenn wir finanziell und wirtschaftlich nicht zukunftsträchtig abgesichert sind?

Doch was bekommen wir vom Bergprediger zu hören? „Sammelt euch lieber Schätze im Himmel!" Und: „Trachtet zuerst nach dem Reich Gottes!"

Mal Hand aufs Herz, sagen Sie jetzt spontan: „Ja, genau, danke für den Hinweis! So machen wir es!" Oder klingen diese Worte Jesu für uns heute eher abgehoben und weltfremd? Ich finde: Ja! Sie klingen weltfremd. Aber vielleicht sind sie gerade deswegen besonders spannend. Weil ich ebenso finde, dass der christliche Glaube uns gerade da besonders herausfordert, wo er unsere üblichen Lebensgewohnheiten nicht einfach bestätigt, sondern sie hinterfragt, dahinter fragt, uns unterbricht und unsere scheinbar selbstverständlichen Standpunkte ins Wanken bringt.

Das Steigerungsspiel

Was genau sind denn eigentlich unsere „Lebens-Gewohnheiten" im 21. Jahrhundert? Im guten alten Lutherdeutsch gefragt: Wonach trachten wir? Was treibt uns voran und macht uns Sorgen? Wo wollen wir hin mit unserem Leben? Der Soziologe Gerhard Schulze hat in seinem lesenswerten Buch „Die beste aller Welten" so ähnlich gefragt: „Wohin bewegt sich die Gesellschaft im 21. Jahrhundert?"

Schulze meint: Wir alle machen mit beim globalen „Steigerungsspiel". Mehr Wachstum schaffen, weniger Kosten verursachen, noch schneller und etwas besser als die anderen produzieren. Und wenn in der nächsten globalen Finanzkrise das ganze Wachstum in sich zusammenbricht? Dann geht das Steigerungsspiel von vorne los. Oder es geht anders weiter. Aber aufhören tut es nie. Weil jede Situation uns vor neue Probleme stellt, die wir durch Optimierung unseres Könnens, durch die Steigerung unserer Fähigkeiten lösen müssen. Das Steigerungsspiel hält uns alle in Atem, dauerhaft auf Trab, und es bedeutet, ständig unterwegs zu sein. Aber wohin eigentlich?

Genau das, meint Schulze, fragen sich in unserer Gesellschaft immer mehr Menschen: Es gibt eine wachsende Sehnsucht, eben nicht nur ständig unterwegs zu sein, sondern auch mal irgendwo anzukommen. Neben den gesellschaftlich akzeptierten Zwang, immer mehr, immer differenzierter und flexibler etwas zu *können*, sei die wachsende Sehnsucht getreten, auch einfach mal zu *sein*. Sorglos glücklich zu sein zum Beispiel. Planst du noch – oder lebst du schon?

Wir sind gedanklich dem Leben immer einen Schritt voraus. Wir sind so beschäftigt damit, uns Sorgen um morgen zu machen, dass wir vergessen: Leben, lebendig *sein* können wir nur heute. Hier und jetzt. Drei Erlebnisse dazu möchte ich Ihnen erzählen.

Das Leben heute feiern

In meiner Arbeit als Filmemacher war ich innerhalb von zehn Jahren zweimal auf den Philippinen. In Payatas, am Rande der Millionenmetropole Manila. Payatas ist eine riesige Müllhalde. Tausende Kinder und ihre Familien leben hier im Dreck vom Müllsammeln. Mitten im Müll steht eine kleine Kirche der katholischen Vinzentiner. Die Ordensleute kümmern sich hier seit Jahren um die Kinder der Müllsammler. Dort habe ich erlebt, wie hundert dieser Kinder in der kleinen Müllkirche zusammen mit den Ordensfrauen und Vinzentiner-Pater Aldrin ausgelassen gesungen, gelacht und getanzt haben.

Dann habe ich Pater Aldrin gefragt: „Diese Kinder leben in bitterer Armut. Sie wissen nicht, ob sie morgen genug zu essen haben werden oder übermorgen noch in die Schule gehen können. Wie können sie da heute so ausgelassen singen und tanzen?"

Und Pater Aldrin sagte: „Die Kinder sind arm, das ist wahr. Aber sollen sie erst darauf warten, dass ihre Armut besiegt ist, bis sie anfangen, das Leben zu feiern?"

Die zweite Episode: Ich führte ein Interview mit einer Frau, die neben zwei gesunden Kindern auch einen schwerbehinderten Sohn hat. Die Behinderung trat auf, als er noch ganz klein war, und die Mutter erzählte mir, dass die Sorge um seine Zukunft über Jahre ihren Alltag bestimmt habe. Wird er jemals selbstständig leben können, wird er eine Ausbildung machen können usw. Auf die Frage, wie sie als Christin mit diesen Sorgen umgegangen sei, sagte sie lächelnd: „Kennen Sie den Riesen Turtur?"

Kennen Sie ihn? – In seinem Buch „Jim Knopf und Lukas der Lokomotivführer" erzählt Michael Ende von diesem ungewöhnlichen Riesen. Wenn Turtur nämlich weit weg war, sah er gewaltig groß und furchterregend aus. Doch je näher er einem kam, desto kleiner wurde er. Und wenn er direkt vor einem stand, dann war er einfach nur ein kleines sympathisches Männchen, das freundlich grüßte. Und die Mutter sagte mir, dass diese Geschichte sie unglaublich getröstet hat. Denn genau so hat sie den Alltag mit ihrem behinderten Sohn erlebt. Sie merkte, dass alle Gedanken um seine ferne Zukunft ihr große Angst machten. Sie hatte aber auch erfahren: Wenn die Probleme dann wirklich vor der Tür standen und konkret zu lösen waren und zum Beispiel ein Schulwechsel anstand, haben sie als Familie jede Herausforderung auch gemeinsam bewältigen können. Diese Erfahrung hat ihr Leben verändert: „Ich muss mir keine Sorgen machen um das, was weit weg ist. Ich kann es auf mich zukommen lassen."

Die dritte Geschichte begleitet mich nun schon seit vielen Jahren: Edith Libbert war siebenundneunzig Jahre alt, als ich sie kennenlernte, im Seniorenpflegezentrum in Wuppertal-Elberfeld. Es war bei uns beiden Liebe auf den ersten Blick. Und wir blieben aneinander kleben. Fünf Jahre lang hab ich sie immer wieder mit der Kamera besucht, und die pensionierte Sekretärin hat mir aus einem Jahrhundert Lebenserfahrung erzählt, Tragödien und Komödien, von der ersten Liebe bis zum letzten Abschied. Und zwischendurch musste ich immer wieder daran denken, was der große Philosoph der Filmgeschichte Forrest Gump von seiner Mutter gelernt hat: „Das Leben ist wie eine Schachtel Pralinen. Man weiß nie, was man bekommt!"

Doch wenn ich Frau Libbert in unseren Gesprächen recht verstanden habe, dann ist sie sehr lange Zeit der Meinung gewesen, dass die Sorge um morgen genau dort auch am besten aufgehoben sei: Morgen sei doch auch noch ein sehr guter Tag, um sich Sorgen zu machen. Und weil wir zwei uns da ja schon gut kannten, habe ich dann doch mal nachgefragt: „Und wenn morgen gar kein Tag mehr ist?"

„Na, dann eben nicht", sagte sie. „Ich nehme die Dinge immer, wie sie kommen."

„Und wie werden Sie mit den Dingen fertig?"

„Nun, ich lasse sie auch wieder gehen!", hat Frau Libbert geantwortet.

Und da fiel mir erst mal nichts mehr ein. Und dann hatte ich lange Zeit keine Zeit, sie zu besuchen. Weil ich so beschäftigt war, mir Sorgen zu machen um meinen täglichen Kram. Bis ich eines Tages doch mal wieder überraschend in ihrer Tür stand. Und da saß Frau Libbert in ihrem Sessel, schlug die Hände über dem Kopf zusammen und rief: „Ach, der Herr

Buchholz, wie schön! Ich hab grad an Sie gedacht! Das ist jetzt der berühmte Tag mit Goldrand!"

Seitdem frage ich in meinen Veranstaltungen immer wieder: „Was war denn für Sie ein besonderer Tag mit Goldrand?" Und meine Besucher erzählen auf einer Postkarte von ihrem ganz persönlichen Goldrand-Erlebnis. Einige Tausend bewegender Geschichten, die das Leben schrieb, habe ich inzwischen gesammelt. Bei vielen davon fiel mir auf: Das Schöne und der Schmerz sind offenbar ein unzertrennliches Paar. Hier einige erste Kostproben:

„Mein Tag mit Goldrand? Heute! Müde, ein bisschen resigniert nach Hause gekommen – sitze auf dem Sessel – mein Hund kommt, blickt mir tief in die Augen, und schleckt spontan einmal quer übers Gesicht (inklusive Brille!). Sie glauben gar nicht, wie das die Sicht aufs Leben ändert."

„Als sich unser Sohn und unsere Schwiegertochter trennten, da wurden in kürzester Zeit uns unsere geliebten Enkelkinder entzogen. Nach fünf Jahren fassten wir uns ein Herz und luden sie zum siebzigsten Geburtstag meiner Frau ein. Und sie kamen! Die inzwischen Achtzehnjährige sagte: ‚Oma, das ist für die verlorene Zeit!' Und schenkte ihr ein Fotoalbum von sich und ihrer Schwester aus den letzten fünf Jahren. Das war ein Tag mit doppeltem Goldrand."

„Mein bester Tag ist der, an dem mein Mann, der demenzkrank ist, mich erkennt und mit Namen anredet."

Schätze im Himmel

Leben passiert heute. Jetzt und hier. Und es tut gut, seine kostbaren Momente zu feiern. Doch wohin mit unseren Sorgen um morgen? Wohin mit der hartnäckigen Angst, in diesem Leben irgendwie zu kurz zu kommen? Jesus rät seinen Zuhörern in der Bergpredigt:

„Ihr sollt euch nicht Schätze sammeln auf Erden, wo sie die Motten und der Rost zerfressen und wo die Diebe einbrechen und stehlen. Sammelt euch aber Schätze im Himmel!" (Mt 6,19f.)

Was verbinden Sie persönlich mit dem Wort „Himmel"? Der Liedermacher Manfred Siebald hat gefragt: „Ist uns der Himmel fremd geworden? Kann uns nur noch die Erde freun?" Die postmoderne Antwort in unserer Gesellschaft lautet: Ja. So ist es! Eine alte Kritik an den Kirchen besagt, die Kirchen hätten jahrhundertelang Menschen auf das Jenseits vertröstet. Heute, sagen Soziologen, werden die Menschen auf das Diesseits vertröstet. Je kleiner die Sehnsucht nach Gottes Himmel geworden ist, desto stärker suchen moderne Zeitgenossen den Himmel auf Erden. Ihr Hunger nach Glück muss in achtzig bis neunzig Jahren irgendwie gestillt werden.

„Im Vergleich zu früheren Generationen leben wir, die Heutigen, zwar länger, aber insgesamt kürzer: Denn früher lebten die Leute dreißig plus ewig – und wir nur noch neunzig", folgert der Theologe Paul Zulehner. Die Konsequenz: „Wir wollen alles. Und zwar sofort." Darum wird das Leben immer schneller. Denn ohne die Sehnsucht nach Gottes Himmel in einer anderen Welt bleibt uns nur die Sorge darum, in dieser Welt so viel wie möglich mitzunehmen. So lang es eben geht. Ja, sicher wird der Rost dann einmal unsere gesammelten Schätze zerfressen. „Aber was soll's", sagen viele. „Bis dahin haben wir unseren Spaß dran gehabt. Und dann macht eben der Letzte das Licht aus."

Was ist „ewiges Leben"?

Christen halten dagegen an der Hoffnung fest, dass unser Leben hier in dieser Welt nicht alles ist. Sie glauben an das „ewige Leben", das in Gottes anderer Welt einmal seine endgültige Erfüllung und Bestimmung finden wird. Wie verträgt sich das mit meiner Behauptung, dass es im Glauben vor allem um gelebte Gegenwart geht, um unser Hier und Jetzt? Ein Widerspruch? Ich glaube nicht.

„Ewiges Leben" – da denken die meisten erst mal an die zeitliche Ausdehnung. Ein Leben, das nach dem Tod beginnt und niemals endet. Der scharfzüngige Publizist Johannes Gross hat gesagt: „Ich kenne unzählige Menschen, die nach dem ewigen Leben dürsten, aber mit einem verregneten Sonntagnachmittag nichts anzufangen wissen."

Im christlichen Glauben aber meint „ewiges Leben" etwas anderes. „Wer an mich glaubt, der *hat* das

ewige Leben" sagt Jesus Christus im Johannesevange-
lium (Joh. 3,36). Da steht nicht: „Der bekommt es
mal in einem fernen Jenseits." Nach dem Neuen Testament beginnt das „ewige Leben" mit dem Glauben.
Schon heute. Hier und jetzt. „Ewiges Leben" ist von
Gott geschenktes und erfülltes Leben, das Gott selbst
einmal vollenden wird. Wir denken bei „ewigem
Leben" zuerst an Zeit, die niemals enden will. Der
christliche Glaube meint mit „ewigem Leben" eine
andere Lebens-*Qualität*.

In der westlichen Wohlstandsgesellschaft bedeu-
tet Lebensqualität in der Regel Glück als Erfolg im
Beruf, Gesundheit, ein geregeltes Familienleben und
Reichtum. Die Lebensqualität, das Glück, von dem
Jesus spricht, hört sich etwas anders an. In der Berg-
predigt sagt er:

„Glückselig sind die, die an der Not der Welt leiden, denn sie werden getröstet werden.

Glückselig sind die, die hungern und dürsten
nach der Gerechtigkeit. Denn sie werden satt werden." (Matthäus 5, 4 und 6)

Lebensqualität in Gottes Augen ist alles das, was aus
Liebe geschieht. Weil Gott die Liebe ist.

Und wenn du anfängst, diesem Gott der Liebe zu
vertrauen, dann kannst du aufhören mit deinen verzweifelten Versuchen, dein Glück auf Erden irgendwie zu machen. Dann kannst du dich verabschieden
von deiner Angst, irgendwie ständig zu kurz zu kom-

men. Dann kannst du anfangen zu üben, darauf zu vertrauen, dass alles das, was im Leben wirklich zählt, ein Geschenk des lebendigen Gottes ist.

Ich bin überzeugt davon: Es gibt in unser aller Leben Momente, die vom Himmel fallen, von Gott geschenkte Momente, in denen wir erahnen, was unser Leben wertvoll macht, für uns und für andere.

Ein guter Freund von mir aus Kanada arbeitet wie ich in der Fernsehbranche. Vor einigen Jahren wurde er über Nacht damit konfrontiert, dass seine Mutter lebensbedrohlich an Krebs erkrankt war. Eigentlich hatte mein Freund mir zugesagt, mich als Kameramann auf eine Drehreise nach Indien zu begleiten. Nach der Diagnose für seine Mutter sagte er diesen Job sofort ab. Und nahm sich Zeit für die Familie. Fast zwei Jahre lang kämpfte seine Mutter mit der tödlichen Krankheit. Und mein Freund sagte, das Leben in der Familie habe sich verändert. Viel öfter als früher waren er, seine Geschwister und ihre Kinder nun mit der Mutter zusammen. Jedes gemeinsame Fest, jeder Feiertag hat eine andere Bedeutung gewonnen. Er schrieb mir: „We have lots of quality time together."

„Quality time" ist mehr, als einfach nur Zeit miteinander zu verbringen. Die gemeinsame Zeit mit der Mutter hat einen anderen Wert, eine neue Qualität bekommen. Es ist kostbare Zeit geworden. Eine Zeit der Liebe. Momente für die Ewigkeit.

Mein Freund hat in dieser Phase darauf verzichtet, so manchen scheinbar kostbaren „Schatz auf Erden" einzusammeln. Er musste einige lukrative Aufträge absagen. Die Zeit mit seiner kranken Mutter hat sich für ihn nicht gerechnet. Aber sie hat sich gelohnt. Diese Zeit ist ein „Schatz im Himmel"!

Vor einem fatalen Missverständnis möchte ich Sie aber sogleich warnen: Dieses Bild, das Jesus gebraucht, bedeutet nicht, dass wir neben unserem Konto bei der Bank nun auch noch ein himmlisches Bankkonto für unsere guten Taten eröffnen müssten. Und dass wir nun neben der Sorge um unser irdisch-überzogenes Bankkonto nun auch noch die Sorge haben müssten, auf unserem himmlischen Konto ständig im Minus zu sein. Gott ist kein Bankkaufmann mit Taschenrechner, Gott, wie er sich in Jesus offenbart hat, ist die Macht der Liebe. Und wer sich dieser Macht der Liebe anvertraut, der kann anfangen zu üben, über den Tellerrand seiner Alltagssorgen hinauszublicken. Wer sich diesem Gott anvertraut, meint Jesus, der bekommt einen neuen Blick geschenkt. Einen Blick für das, was in Gottes Augen im Leben wirklich zählt.

„Trachtet zuerst nach dem Reich Gottes und nach seiner Gerechtigkeit. So wird euch alles andere zufallen", sagt Jesus, und erklärt an anderer Stelle kurz und bündig, wie das geht:

„Liebe Gott und deinen Nächsten wie dich selbst!" (Matthäus 22,37-39)

Liebe das Geschenk des Lebens, das Gott dir macht! Und liebe es heute. Alles andere wird sich finden.

Im Regen tanzen

Du hast allen Grund zur Sorge.
Vieles prasselt auf dich ein.
Und all das, was dich beschäftigt,
rede ich bestimmt nicht klein.
Keiner weiß ja, wie es ausgeht.
Und was dir dann noch blüht.
Doch egal, was morgen auch geschieht:

Warte nicht darauf,
dass der Sturm vorüberzieht!
Du kannst im Regen tanzen!
Auch wenn man den Himmel
durch die Wolken nicht sieht -
du kannst im Regen tanzen!

Wochenlanges Regenwetter
gibt's nicht nur in Wuppertal.
Dass der Wind dir ins Gesicht bläst,
ist im Grunde ganz normal.
Darum lass den Donner grollen
und trau dich aus dem Haus.
Wenn du nass wirst, mach dir nichts daraus.

Leben ist Ansichtssache

Die Herausforderungen, die ungelösten Fragen und
Probleme gehören zu unserem Leben, wie die Luft

zum atmen. Wenn wir das Leben nur in den Augenblicken für lebenswert halten, in denen alles glatt und tiefenentspannt läuft, dann werden wir uns nur in sehr wenigen Momenten so richtig lebendig fühlen.

Mitten in unseren täglichen Sorgen auf Gott zu vertrauen kann uns immer wieder Trost und Frieden schenken. Davon bin ich als Christ überzeugt. Doch ich sage nicht: „Vertraue auf Gott und du wirst immer sorglos glücklich sein." Nach dem Motto: „Du musst nur stark das Richtige glauben, dann wirst du immer siegesgewiss und erfolgreich durch das Leben spazieren!" Reformator Martin Luther sagte dazu schon vor fünfhundert Jahren:

„Der Teufel macht den Leuten solche Gedanken und spricht: ‚Ei, du musst besser glauben! Du musst mehr glauben. Dein Glaube ist nicht sehr stark, auch nicht genug' – damit er sie zur Verzweiflung treibe.

So sind wir auch von Natur aus dazu geschickt, gern einen Glauben haben zu wollen, der Rückversicherungen verlangt. Wir wollten es gern mit Händen greifen und in die Tasche stecken. Aber das geschieht in diesem Leben nicht."

Auch der große Theologe Martin Luther kannte den Zweifel und sein eigenes kleines, oft verzagtes Herz. Auf die Liebe Gottes zu vertrauen bedeutet nicht, vor den heftigen Stürmen des Lebens bewahrt zu bleiben, doch es bedeutet: Du bist in deinen Stürmen nicht allein, weil Jesus Christus versprochen hat: „Ich bin bei euch alle Tage." Darum warte nicht darauf, dass der Sturm vorüberzieht! Lerne, im Regen zu tanzen!

Und ich glaube ja tatsächlich, dass wir das lernen und üben können. Es gibt eine kleine Übung, die ich mir regelrecht verordnet habe: Am Ende eines Tages versuche ich, mir einige Minuten Zeit zu nehmen, auf den Tag zurückzuschauen, und frage mich: Was gibt es, für das ich heute dankbar sein kann? Als Christ vertraue ich darauf, dass meine Dankbarkeit einen Adressaten hat. Darum wende ich mich mit diesen Gedanken an Gott. Und danke Gott für die kleinen und größeren Geschenke dieses Tages.

Dankbarkeit ist eine Lebenshaltung, die wir trainieren können. Probieren Sie es aus, und Sie werden erleben: Die dunklen Regenwolken werden sich nicht verziehen. Na und? Dann bleiben sie eben da. Aber du bist auch heute noch am Leben. Der Himmel ist mehr als das triste Grau, das du gerade vor Augen hast. Du kannst im Regen tanzen.

Hier sind noch drei weitere Postkarten-Geschichten zu „Tagen mit Goldrand":

„Es war vor zwei Wochen an einem Samstag mit viel Arbeit. Mein Mann und ich wollen für eine Stunde nach draußen zum Entspannen. Da steht überraschend unsere Tochter aus der Schweiz vor der Tür. Wir erleben einen fröhlichen Abend, essen beim Italiener, reden, lachen und vergessen den Stress des Tages."

„Ein ganz besonderer Tag mit Goldrand: Am Tag meiner Diagnose Multiple Sklerose haben mich Freunde zu sich nach Hause genommen und mich bekocht. Und mich einfach weinen lassen. Das war das tiefste Gefühl von Freundschaft, das ich jemals erlebt habe."

„Mein letzter Goldrandtag war, als mein Mann mich bat, unserer Liebe eine zweite Chance zu geben."

Das Leben ist kein Wunschkonzert, und nur sehr selten ein sonniger Tag auf dem Ponyhof, aber Leben ist eben immer auch Ansichtssache. Und die Frage ist: Wo schauen wir hin? Heften wir unseren Blick nur auf die Dinge, die uns das Leben sorgenvoll und schwer machen? Oder sehen wir auch auf das, wofür wir von Herzen dankbar sein können?

Ich möchte Sie ermutigen, wieder genauer hinzugucken und die Goldrandmomente in Ihrem Leben neu zu entdecken. Und ich wünsche Ihnen, dass Sie in Ihrem Alltag erleben, was Paulus vor langer Zeit den Christen in Philippi geschrieben hat:

„Macht euch keine Sorgen! Im Gegenteil!
Wendet euch in jeder Lage an Gott.
Tragt ihm eure Anliegen vor –
in Gebeten und Fürbitten
und voller Dankbarkeit.
Und der Friede Gottes,
der jede Vorstellung übertrifft,
soll eure Herzen und Gedanken behüten."
(Philipper 4,6-7)

18 Was bleibt

Wir gehn durch Freude, Leid und Glück.
Was bleibt von alledem zurück?
Was trägt mein Herz? Wer hält mich fest?
Ich will zu dir, wenn du mich lässt.

Da steht der Mond. Er ist nur halb zu sehn.
Mehr als die Hälfte werden wir auch nie verstehn.
Doch sein Licht erhellt die Nacht, fällt auf dein Gesicht.
Das ist wunderschön.

Am Ende bleibt: Ich hab geliebt.
Ich weiß nicht, was es Bessres gibt.
Kein Herz, das liebt, bleibt unversehrt.
Tut manchmal weh. Das ist es wert.

Ein Sternenbild sieht wie ein Wagen aus.
Wir steigen ein und fahrn am Himmel bis nach Haus.
Und zu Hause ist bei dir. Hinter deiner Tür
finde ich zu mir.

Am Ende bleibt: Wir sind geliebt.
Ich weiß nicht, was es Größres gibt.
Gott schaut uns an. Ich hab's gesehn.
Ich glaub daran und werd es nie verstehn.

Quellen

Alle Liedtexte: © Martin Buchholz
Alle CDs sind hier erhältlich: www.martinbuchholz-shop.de

„„Das Geheimnis der Liebe ist größer als das Geheimnis des Todes'", *aus: Martin Buchholz, Was machen wir hinterher? Hanns Dieter Hüsch. Bekenntnisse eines Kabarettisten, Brendow, 3. veränderte
Auflage 2010, S. 37*
„Und ich weiß heute, dass es überhaupt das größte Kunstwerk
ist, … miteinander alt zu werden …", Hanns Dieter Hüsch, *Inter-
view MB-H.D. Hüsch, © Martin Buchholz*
Kitsch ist „eine wertlose ‚Kunstware', *dtv Brockhaus-Lexikon, Bd. 9,
F.A. Brockhaus, Deutscher Taschenbuch Verlag, Mannheim/München
1989, S. 321*
„Was tun Sie", wurde Herr K. gefragt, „wenn Sie einen Menschen
lieben?", *Bertolt Brecht, Werke. Große kommentierte Berliner und
Frankfurter Ausgabe, Band 18: Prosa 3. © Bertolt-Brecht-Erben /
Suhrkamp Verlag 1995.*
„In meinem Innersten ist nichts als Leere und Dunkelheit", *Mutter
Teresa. Komm, sei mein Licht, Pattloch, München 2007, S. 219, 226, 245*
„Im Vergleich zu früheren Generationen leben wir, die Heutigen,
zwar länger, aber insgesamt kürzer", *Paul M. Zulehner, GottesSehn-
sucht, Spirituelle Suche in säkularer Kultur, Schwabenverlag AG,
Ostfildern. www.verlagsgruppe-patmos.de, 2. Auflage 2010, S. 31*
„Der Teufel macht den Leuten solche Gedanken und spricht: ‚Ei,
du musst besser glauben!'", *Martin Luther, Tischreden. Hg. Kurt
Aland, Reclam 1981, S. 47f.*
Lutherbibel 2017, © 2016 Deutsche Bibelgesellschaft, Stuttgart
Gute Nachricht Bibel, durchgesehene Neuausgabe, © 2018 Deut-
sche Bibelgesellschaft, Stuttgart
BasisBibel. Das Neue Testament und die Psalmen, © 2012 Deut-
sche Bibelgesellschaft, Stuttgart
Elberfelder Bibel 2006, © 2006 by SCM R.Brockhaus in der SCM
Verlagsgruppe GmbH, Witten/Holzgerlingen
Bibeltext der Neuen Genfer Übersetzung – Neues Testament und
Psalmen. Copyright © 2011 Genfer Bibelgesellschaft. Wiedergege-
ben mit freundlicher Genehmigung. Alle Rechte vorbehalten

Inhalt